beck **sche**
reihe

W0086055

b sr

Johan Huizingas Werke gehören zu den Klassikern der Kulturge-
schichtsschreibung. Mit seinem bekanntesten Buch, «Herbst des Mittelalters», teilt dieses Porträt der Epoche Rembrandts und Vermeers
die beeindruckende Weite des Blicks und den Glanz der Darstellung.
Wie konnte es in den Niederlanden des 17. Jahrhunderts zu der Blüte
der Kultur kommen, die wir noch heute in den Museen Europas be-
staunen? Huizinga beleuchtet ihre sozialen, wirtschaftlichen, politischen und militärischen Voraussetzungen und schildert das religiöse
Leben des Landes. Vor diesem Hintergrund läßt er ein facetten-
reiches Bild von Literatur und Kunst der Zeit entstehen. Ein neues
Nachwort von Bernd Roeck erläutert den historischen Kontext und
die bleibende Bedeutung von Huizingas Epochendarstellung.

Johan Huizinga (1872–1945) war Kulturhistoriker, Indologe und Kul-
turphilosoph. Er wirkte als Professor für Geschichte in Groningen
und Leiden.

Der Übersetzer Werner Kaegi (1901–1979) war Professor für Mittlere
und Neuere Geschichte an der Universität Basel und ist u. a. durch
seine Biographie Jacob Burckhardts bekannt.

Bernd Roeck, geb. 1953, ist Professor für Neuere und Neueste Geschichte an der Universität Zürich. Bei C. H. Beck sind von ihm zuletzt erschienen: Florenz 1900 (2. Aufl., 2003), Geschichte Augsburgs
(2005) und Mörder, Maler und Mäzene (3. Aufl., 2006).

Johan Huizinga

HOLLÄNDISCHE KULTUR
IM SIEBZEHNTEN JAHRHUNDERT

Eine Skizze

Fassung letzter Hand mit Fragmenten von 1932

Aus dem Niederländischen von Werner Kaegi

Mit einem Nachwort von Bernd Roeck

Verlag C. H. Beck

Titel der niederländischen Originalausgabe:
Nederland's beschaving in de zeventiende eeuw
© 1941, 2007 The Estate of Johan Huizinga

Mit 28 Abbildungen

Für die deutsche Ausgabe:
© Verlag C.H. Beck oHG, München 2007
Die Verwendung der Übersetzung von Werner Kaegi erfolgt
mit freundlicher Genehmigung des Verlags Schwabe AG, Basel.
Gesamtherstellung: Druckerei C.H. Beck, Nördlingen
Umschlagentwurf: + malsy, Willich
Umschlagabbildung: Jan van der Heyden, Buttermarkt
mit Rathausturm in Delft (Ausschnitt),
Foto: Harold Samuel Collection, City of London, Bridgeman
Printed in Germany
ISBN 978 3 406 54756 0

www.beck.de

INHALT

Das Übergewicht von Malerei und Graphik in den bescheidenen sozialen Verhältnissen begründet. Die Malerei überall verbreitet.

SECHSTES KAPITEL

Das Ende der Blüteperiode. Was verursacht das Sinken der hohen Qualität der Kultur? Die Nachahmung Frankreichs? Nochmals: Holland und der Zeitstil. Der Klassizismus. Schwächung des Geschmacks und des Könnens. Der große Niedergang. Die Prosa. Geistige Veränderung. Verdorrung des Glaubens. Die große Ruhe. Das Landleben. Der Rentner. Der Schlummer des achtzehnten Jahrhunderts. Der Wert der Kulturgewinne des achtzehnten Jahrhunderts meist unterschätzt. Goldenes Zeitalter?

I

Wenn man den durchschnittlichen Niederländer der Gegenwart, der über einige Bildung und über historisches Interessse verfügt, auf seine Kenntnis unsrer Kultur des siebzehnten Jahrhunderts hin prüfen wollte, dann könnte es sich wohl ergeben, daß sein Vorrat an Vorstellungen zum genannten Thema zu einem übermäßig großen Teil aus Eindrücken der Malerei bestünde. Gewiß, der eine wird sich als ein Kenner Vondels, der andere als ein Leser Hoofts erweisen, ein dritter wird mit Spinoza vertraut sein und alle werden mit den großen Namen der Prinzen und der Staatsmänner, der Seehelden und der Diener der Ostindischen Kompanie gewisse Erinnerungen aus Schulzeit und Lektüre verbinden; aber das Wissen über die Art der staatlichen Institutionen und das geordnete Erinnerungsbild über den Ablauf der Geschehnisse würde sich wahrscheinlich als schwach und unbestimmt erweisen. Und was da an Reichtum und Präzision der allgemeinen Vorstellung fehlen würde, das wäre in vielen Fällen nur mühsam aufgewogen durch eine gewisse Vertrautheit mit der Malerei. Ganz bestimmt mit der Malerei und notwendigerweise nur mit einer gewissen Anzahl der berühmtesten Meister. Sogar der kostbare Schatz, der Kunst und Geschichte gleichermaßen umschließt: die Zeichnung und die Graphik, würde sich als eine ziemlich abgeschlossene Domäne der Spezialisten herausstellen.

Würde man sodann seine Prüfung in Gedanken um ein Jahrhundert zurückverlegen, in die Tage von Potgieter und Jakob van Lennep, dann würde sie zweifellos ganz anders ausfallen. Die Kenntnis der Landesgeschichte, in dem auf der Hand liegenden politischen Sinn, ist zweifellos in den Geistern von 1840 größer und bestimmter gewesen als bei den jetzt lebenden Ge-

nerationen. Auch aus der Literatur waren ihnen wenigstens
einige Ausschnitte zweifellos besser bekannt. Das Ganze der vaterländischen Vergangenheit mit ihren Gestalten und Gescheh-
nissen stand ihnen damals noch näher als es uns steht. In dieser
historischen Vorstellung, die den Menschen vor hundert Jahren
eigen war, nahm hingegen das Element bildende Kunst noch
einen sehr untergeordneten Platz ein. Man hat es hier mit der
sehr allgemeinen Erscheinung einer geistigen Verschiebung zu
tun, die für die ganze Welt und für die ganze Geschichte gilt:
der Geist hat allmählich so viel Stoff und Gelegenheit zu bloß
visueller Aufnahme der Vergangenheit bekommen, daß er das
Lesen und das Denken darüber in Verwahrlosung geraten zu
lassen droht. Wir werden hier versuchen, sowohl den einseitig
ästhetischen Blick von heute als den einseitig politischen von
früher zu vermeiden, indem wir die Kultur in einem weiten Sinn
des Worts als unser Thema betrachten.

Holländische Kultur des siebzehnten Jahrhunderts: das ist eine
vergangene Wirklichkeit, das heißt eine abstrakte Wirklichkeit,
aber nichtsdestoweniger so voll Leben und Gestalt, daß die Vorstellung kaum als eine abstrakte anmutet. Um eine solche Wirklichkeit scharf ins Auge zu fassen, wählt man seinen Ausgangspunkt am besten dort, wo alles Wissen entspringt, nämlich im
Erstaunen über die Tatsache, daß all dies Leben einmal Wirklichkeit war. Diese Verwunderung ist in unserm Fall von sehr
unmittelbarer Art. Wie ist es möglich gewesen, fragt man sich
sogleich, daß ein so kleines und ziemlich abgelegenes Gebiet, wie
Holland im Europa des siebzehnten Jahrhunderts es war, als
Staat, als Handelsmacht und als Quelle der Kultur so sehr im
Vordergrund hat stehen können, wie die junge Republik es getan
hat? Es kommt uns mehr oder weniger begreiflich vor, daß

Athen und Florenz, Rom und Paris ein solcher Ehrenplatz von Zentren der kulturellen Ausstrahlung zuteil geworden ist; aber wie konnte eine solche zentrale Funktion eine Zeitlang von dem kleinen Wasserländchen ausgehen, das nur von der Ems und der Vlie bis zur Maas und zur Schelde reichte?

In der Tatsache an sich ist das Wunder noch nicht erschöpft. Denn es folgt ihr auf dem Fuß eine zweite Frage: wo gibt es ein zweites Beispiel einer nationalen Kultur, die gleich nach der Geburt von Staat und Volk selbst ihren Höhepunkt erreicht? – Vergessen wir es doch keinen Augenblick: hundert, ja fünfzig Jahre *vor* Rembrandts Geburt gab es noch kein holländisches Volk in dem Sinn, wie wir es hier verstehen. Während das leidenschaftliche Bewußtsein, ein eigenes Volk zu sein, aufbrauste in den Geusenliedern, sucht Oranien noch mühsam und fast ohne Aussicht auf Gelingen nach der Form, in der sich ein Staat der Niederlande in irgendeiner Art Halt und Bestand geben könnte. Er erlebt seine Geburt nicht mehr, und noch in jenen bangen Jahren von 1584 bis 1588 vermag noch niemand zu sehen, was das Schicksal diesen Landen bringen werde. Und dann steht plötzlich dieser junge, neue Staat da, notdürftig errichtet auf dem Grund der Union von Utrecht, ein Torso aus dem reichen Gebiet der Niederen Lande, wie sie die Herzoge von Burgund zusammengeschmiedet und Karl V. sie besessen hatte.

Noch sieht das junge Gemeinwesen als dringlichste und anscheinend beinah hoffnungslose Aufgabe die militärische Befreiung vor sich. Noch Jahr um Jahr hängen seine Lebensaussichten ab von der Einnahme kleiner Städte, einer um der andern: Breda, Delfzijl, Geertruidenberg, Nijmegen, Zutfen, Groningen. Und inzwischen fährt man bereits in die Polargebiete und nach Indien, wächst zusehends der Handel von Amsterdam und die Schiffahrt der Zuiderseestädte und bekommen Staat und Volk ihre feste, starke Form. Ihre allzu enge Form, gewiß –, wenn man sich darauf versteifen will, der Historie gegenüber rechtend auf den Plan zu treten. Daß das prachtliebende Brabant und das trotzige Flandern der Republik nicht mehr haben geben dürfen als zunächst jenes Ver sacrum, das die Volkskraft der Emigranten gewesen ist, und später, viel später den Brocken Land, den die Republik ihnen durch Eroberung wegriß – es bleibt eine Fügung, die das Schicksal des Landes verhängt hat, die wir beklagen oder begreifen können, sofern man das Schicksal begreifen kann, die wir aber nicht ändern können. Staat und Volk der Republik sind ein Staat und ein Volk für sich geworden. Und in diesem engen Gebiet drängen sich, unmittelbar nach dem Vorgang des Werdens, die großen Taten und die großen Figuren zusammen in einer Zeitspanne von nicht einmal einem Jahrhundert: die Staatsmänner, die Feldherren, die Seehelden, die Maler, die Dichter und die Gelehrten, die Begründer des Welthandels und der Macht in Ost und West. Gibt es irgendwo ein anderes Volk, bei dem die nationale Kultur so rasch nach seinem Aufkommen kulminiert?

Unser Staunen über dieses Faktum wäre vielleicht etwas geringer, wenn wir zugleich fänden, daß die holländische Kultur dieser Zeit der vollkommenste und reinste Ausdruck für den allgemeinen Charakter des siebzehnten Jahrhunderts durch ganz Europa hin gewesen sei. Genau besehen, ist sie dies aber nicht. Im Gegenteil: in der Mitte gelegen zwischen Frankreich, Deutschland und England, – um hier Italien und Spanien aus dem Spiel zu lassen, – verkörpert das Land unsrer Väter viel eher eine Abweichung von der allgemeinen Art der damaligen Kultur, einen Ausnahmefall in mehr als einer Hinsicht, als daß es ein Beispiel par excellence dafür wäre.

Es ist mehr und mehr üblich geworden, die Kulturform, die

Europa im siebzehnten Jahrhundert im allgemeinen eigen war, mit dem Begriff «Barock» zu stempeln. Stempeln ist hier das richtige Wort, und das Unglück ist, daß solche Stempel so schwer wieder ausgehen. Im Grunde ist es mit «Renaissance», «Gothik» (das ich absichtlich immer noch mit th schreibe, um klar zu machen, daß das Wort mit dem Volk der Goten nichts Wesentliches zu tun hat), «Romantik» um kein Haar besser. All dies sind billige Kunstmittel, um unter dem Schein des Sinnreichen und Prägnanten einen Mangel an genauer Einsicht zu verbergen. Die Ausdrücke zaubern uns den Wahn vor, als besäßen wir einen schlüssigen Begriff für den Zusammenhang und die Einheit einer ganzen Zeit, einen Begriff, in dem alle Erscheinungen eines Zeitraumes aufgehoben wären, während wir in Wirklichkeit eine solche Einheit bloß vag vermuten. Man kann sie indessen nicht mehr missen, diese Ausdrücke, sie sind zum allgemein geltenden geistigen Zahlungsmittel geworden, auch wenn die Frage stets bestehen bleibt, was dieses Zahlungsmittel in Wirklichkeit wert sei. Das Wort Barock in seinem heute gebräuchlichen sehr allgemeinen Sinn ist eigentlich ein testimonium paupertatis des Geistes, und im Gedanken hieran wollen wir es denn auch diesmal bequemlichkeitshalber gebrauchen, indem wir zugeben, daß sogar das vage Bewußtsein einer gewissen Kultureinheit einigen Wert habe.

Welche Vorstellungen weckt nun dieses Wort Barock, in dem man den ganzen Stil, das ganze Wesen des siebzehnten Jahrhunderts begreifen will? Das hängt davon ab, ob man dabei mehr an den Beginn oder an den Schluß jener Stilperiode denkt. Während es im früheren Zeitabschnitt noch vor allem der ungebundene Reichtum von Formen und Gedanken, die bunte Lebensfülle ist, die aus einem Stich von Goltzius oder aus einem Lustspiel von Brederoo oder von Ben Jonson spricht, kurzum die Eigenschaften, mit denen sich der Stil noch unmittelbar anschließt an die Renaissance, aus der er ohne scharfe Abgrenzung hervorgegangen ist, – seine volle Bedeutung und Kraft gewinnt der Begriff Barock erst in dem Maße, als der Gegensatz zur Renaissance deutlicher zu sprechen beginnt. Das siebzehnte Jahrhundert als Kontrast zum sechzehnten, das bedeutet Rückkehr zu der strikten, exklusiven Formel, zur Strenge in Linie und Form, die Beschränkung im allzu wuchernden Detail zu Gunsten von Einheit und zwingender Autorität. Einer der stärksten Impulse des siebzehnten Jahrhunderts ist das Bedürfnis nach einer allgemeinen Konformität den gegebenen Normen gegenüber, sei es in der Lehre, in der Herrschaft, in der Plastik oder in der Prosodie. Pracht und Würde, die theatralische Geste, die strenge Regel und das geschlossene Lehrsystem herrschen; gehorsame Ehrfurcht vor Kirche und Staat ist das Ideal. Die Monarchie wird als Staatsform vergöttlicht; zugleich huldigen die Staaten, jeder für sich, der Grundlage eines unbeschränkten nationalen Egoismus und der Autonomie. Das gesamte öffentliche Leben bewegt sich in den Formen einer hochtrabenden Eloquenz, die für vollkommenen Ernst genommen sein will. Prunk und Parade feiern mit pompöser Förmlichkeit ihre hohe Zeit. Der erneuerte Glaube drückt sich plastisch aus in lautschallenden triumphierenden Darstellungen: Rubens, die spanischen Maler, Bernini.

In ein solches Schema des Barock, so unvollständig es sein mag, würden unsre Vorstellungen vom päpstlichen und venezianischen Italien, vom England des William Laud und der Kavaliere, von Frankreich zu Beginn seines «grand siècle» einigermaßen passen. Paßt aber auch unser Bild von der holländischen Kultur des siebzehnten Jahrhunderts da hinein? Nur sehr teilweise. Gewiß, es gibt da eine Figur, die sich beinah vollkommen hineinfügt: das ist Vondel. Aber für fast alle die übrigen Äußerungen oder Gestalten weicht unser Bild der eigenen Kultur in dieser Zeit überraschend stark von diesem Schema des Barock ab. Eine Landschaft von Ruisdael oder Van Goyen, ein Genrebild Jan Steens, ein Schützenstück von Frans Hals oder Van der Helst, und alles was an Rembrandt am wesentlichsten ist: all dies atmet einen ganz andern Geist, es klingt in einem andern Ton. Dieses Holland jener Tage zeigt in seinen sprechendsten Zügen nur eine beschränkte Ähnlichkeit mit dem gleichzeitigen Frankreich, mit Italien oder Deutschland. Weder der strenge Stil noch die große Geste und die majestätische Würde sind für dieses Land charakteristisch.

Hier liegt für unser Ziel, eine Skizze der holländischen Kultur im siebzehnten Jahrhundert zu geben, eine belangreiche Frage. Wenn dieser Unterschied in der Kultur tatsächlich bestanden hat, dann muß er hervorgegangen sein aus den materiellen, sozialen und ethischen Vorbedingungen, unter denen hier die Kultur gewachsen ist. Aus diesen Vorbedingungen ihn vollständig erklären zu wollen, wird dabei niemandem einfallen. Man erklärt nun einmal keine der historischen Erscheinungen, wie man einen Naturvorgang erklären kann. Im besten Fall lehrt man, wie man sie als Ganzes mehr oder weniger verstehen kann. Die innerste Besonderheit einer Erscheinung wird sich all unsern Bemühungen, sie aus sozialen, ökonomischen, politischen oder geistigen Ursachen abzuleiten, immer entziehen. Der Geschichtsforscher kennt am Ende kaum mehr Ursachen, sondern nur Voraussetzungen, von denen aus er sein Verständnis gestalten und seine Schlußfolgerungen aufbauen kann. Einige dieser Grundvoraussetzungen der niederländischen Kultur wollen wir nun flüchtig in Augenschein nehmen.

Die fundamentalste im allerwörtlichsten Sinn des Ausdrucks ist dann natürlich die geographische Lage, die Struktur und die

Bodengestaltung des Landes. Wieder meldet sich sogleich jenes noch ungeschwächte Erstaunen: wie hat ein so kleines Gebiet – das nicht einmal eine von alters her gegebene geographische Einheit bildete, da doch seine Weide und seine Heide, sein Wasser und sein Ackerland so verschieden voneinander waren, – wie hat es sich in einer einzigen Zeitspanne zu einem Staat erheben und zugleich eine Nation, die erst im Rahmen dieses neuen Staates zu vollem Wachstum kam, hervorbringen und dabei noch eine Kulturform entfalten können, deren stark markierte Eigenheit über einen großen Teil Europas ausgestrahlt und die einen sehr gewichtigen Typus des Zeitgeistes dargestellt hat?

Um sich vom äußerst kleinen Umfang dieses Kulturgebietes eine richtige Vorstellung zu bilden, muß man im Auge behalten, daß an dem großen Kulturprozeß, der sich dort abspielte, das gesamte Grundgebiet der Republik bei weitem nicht im gleichen Maße teilgenommen hat. Die Generalitätslande – Brabant, niederländisch Flandern, Maastricht und das Land jenseits der Maas – taten es kaum. Als eroberte Gebiete ohne Sitz und Stimme in der Union, vom Haag aus regiert, durch den Unterschied des Glaubens vom Kerngebiet getrennt und ihm fremd bleibend, lebten diese Gebiete ihr karges ländliches Dasein in einer zunehmenden Isolierung weiter. Auch wenn sie in einer etwas näheren Berührung mit dem spanisch gebliebenen Süden standen als der holländische Norden, so hatten sie doch nicht viel davon. Sie nahmen, abgesehen von der gemeinsamen Sprache, so gut wie keinen Anteil an dem blühenden Volks- und Staatsbewußtsein der Republik, noch an den Vorteilen des Handels und des Gewerbes.

Aber noch mehr: sogar die Sieben Provinzen der Union standen in jenem Kulturvorgang durchaus nicht alle auf der selben Linie. Um nicht zu sprechen von Drente, einem besonderen

Anhängsel, das weder ein Gliedstaat noch ein erobertes Gebiet war, – was haben die Provinzen außerhalb Hollands, Seelands und Utrechts im Vergleich mit Holland zu jener Kultur, welche die Größe und den Ruhm der alten niederländischen Republik ausmachte, beigetragen? – Im Vergleich mit Holland, wohlzuverstehen. Denn wir, die jüngeren Söhne des Landes selbst, die wir in all seinen Gebieten unsre Anhänglichkeiten, unsre Erinnerungen, unsre Verwandtschaften, unsre Bewunderungen haben, wir möchten nicht gerne vergessen, was in jenen Zeiten alles an Schönem und Gutem aus dem unvergleichlichen Friesland gekommen ist, aus dem vornehmen Geldern, aus den Ysselstädten mit ihrer mittelalterlichen Glorie, ihrer Handelsblüte und ihrer Frömmigkeit. Aber dies ändert nichts an der Tatsache, daß – von Holland aus gesehen – die Republik aussah wie ein lockeres Gewebe mit einem satten und bunten Mittelstück. Der Holländer und der Seeländer wußten nicht viel von all diesen östlichen und nördlichen Vettern. Friesland stand ihnen vielleicht noch am nächsten, vor allem durch den Hof des Stadhouders, der dort den Glanz des Hauses Oranien heller strahlen ließ. Aber das weite Groningen mit den fetten Weiden und Mooren seiner Ommelanden war trotz seiner hohen Schule für den Holländer ein fernes und fremdes Hinterland, das etwas Fernes und Unvertrautes an sich hatte. Im Süden der Stadt und ihrer Landschaft zog sich dann erst die unabsehbare Heide von Drente hin, die von den Jahrhunderten kaum berührt worden war, dann das einsame, arme Overijsel, reich nur an Landadligen, dann die Veluve und zum Schluß das Gooi, ein langer breiter Grenzstreifen, der all diese Gebiete vom Herzen des Landes trennte. Und sogar Utrecht und Seeland waren bei weitem nicht im selben Maße mitbeteiligt wie das überreiche, übermächtige Holland. Wahrhaftig, Niederlands Kultur in der Zeit Rembrandts hat sich sowohl rezeptiv als produktiv auf ein Gebiet von nicht viel mehr als hundert Quadratkilometern konzentriert. Das Verwunderliche an dieser Konzentration hoher Blüte, gerade hier und in diesem Augenblick, bleibt bestehen.

Wir sind gewohnt, als den ersten und vornehmsten Faktor für die außerordentliche Entfaltung dieses Gebietes die Schiffahrt und die See zu nennen. Und mit Recht. Von der Zeit an, in der diese Gegenden in den geschichtlichen Quellen erscheinen, ist auch von der Seefahrt ihrer Bevölkerung die Rede. Noch früher als die Friesen sind uns als Seefahrer bekannt die Freunde unsrer Schulzeit, die Cannenefaten, deren Namen wir nach aller Wahrscheinlichkeit in der Form Kennemerland doch immer noch unter uns haben. Kurz nach 1300 bedeutet die Grafschaft Holland und Seeland eine Schiffsmacht, die dem König von England gute Dienste leisten konnte. Ein Jahrhundert später bekommt diese Schiffsmacht, nachdem inzwischen die Handelsmacht der Städte von Holland und Seeland ständig gestiegen war, die Rückendeckung durch eine starke politische Macht, diejenige der burgundischen Herzoge; und nun beginnen diese Gemeinwesen nicht ohne Erfolg die Seeherrschaft der deutschen Hanse zurückzudrängen. Es ist nicht nötig, das Wachsen dieser Seefahrt näher zu erklären; sie ergibt sich aus der Lage dieser Länder selbst: England gegenüber, in der Nähe Norddeutschlands sowohl als Frankreichs. Nur bedenke man, daß zum Aufkommen dieser Seefahrt im späteren Mittelalter die Zuidersee gewiß ebensoviel beigetragen hat als die Nordsee. Der Wasserweg von Norddeutschland nach Flandern folgte von Holland aus einem genau vorgeschriebenen Netz von Binnenfahrten, ohne die Nordsee zu berühren.

Man kann sich sogar fragen, ob nicht für den Aufstieg unsres Landes die Binnengewässer im allgemeinen eine noch wichtigere

Funktion gehabt haben als die See. Wo anders fand man sonst noch ein solches natürliches Verkehrssystem, ein solches Netz von Adern in einem Körper, wie in diesem Land? Von den großen Stromläufen zu den kleinen Gewässern, ja bis in die Gräben hinein, die alle untereinander durch ihre zahllosen Verzweigungen kommunizierten, fuhr man hier durchs ganze Land hin, mit Rudern, Segeln, Treidelseilen oder Stangen, bequem, sicher und – wo das Pferd noch das Maximum an Zugkraft oder Schnelligkeit verkörperte und die Landwege schlecht waren oder sogar fehlten – auch noch rasch. Diese hydrographische Struktur des Landes hatte bis zu einem gewissen Grad eine demokratische Struktur der Bevölkerung zur Folge. Ein Wasserland wie dieses kann nicht bestehen ohne Selbstregierung im engen Kreis, und es ist eine Gunst des Schicksals, daß bei aller Erneuerung und all dem Verlust unsrer alten Amtstitel wie Schöffen, Drosten usw. gerade der sehr bedeutsame der «Heemraden», einer Art Wasseraufsichtsbehörde, im Gebrauch geblieben ist. Der kleinste Bauer oder Fischer konnte hier reisen wie anderswo der große Herr, in seinem eigenen kleinen Boot, und er fand immer irgendeinen Umweg, um einem Zoll oder einer Sperre zu entgehen. Der Mann zu Pferd, der Ritter, konnte auf der Heide jagen gehn, aber eine Figur im Verkehr bedeutete er hier nicht, und das soziale Gewicht des Adels blieb hier immer entsprechend geringer als in andern Landen. Niederland war durch seine Lage an drei Seegebieten, dem Wattenmeer, der Zuidersee und der Nordsee, und als Delta von drei großen Stromläufen: Rhein, Maas und Schelde, vorbestimmt, ein Land von Schiffern, Fischern, Kaufleuten und Bauern zu werden und zu bleiben. Land von Schiffahrt und Handel heißt nun: ein Land städtischen Lebens. Es hatte hier bedeutende Handelsplätze gegeben, noch bevor die mittelalterlichen Städte aufgekommen waren: Dorestad in der karolingischen Zeit, Tiel um das Jahr 1000; aber ihre Blüte war längst abgelaufen, als die große Entwicklung sich Bahn brach, die Flandern Brügge, Gent und Ypern schenkte, Deutschland die blühenden und berühmten Städte am Rhein und in Westfalen gab, gleichgültig ob diese Plätze sich aus einer uralten städtischen Basis erhoben, wie das schon römisch begründete Köln, oder ob sie aus unansehnlichen Anfängen eines späteren Ursprungs hervorgegangen waren. Im zwölften Jahrhundert, als Brügge und Gent, Löwen und Lüttich bereits mächtige städtische Einheiten waren, bedeutete in den nördlichen Niederlanden das Wachstum der Städte noch nichts, außer im Falle Utrechts, der einzigen Bischofsstadt in diesem Gebiet. Erst im dreizehnten Jahrhundert wurden Dordrecht, Middelburg, Haarlem, Leiden städtische Zentren von einigem Gewicht. Lange Zeit bildeten sie noch zusammen, weil sie so dicht beieinander gelegen waren, aber doch jede ihre eigenen Wasserwege und ihr eigenes Hinterland besaß, ein mehr oder weniger geschlossenes Verkehrs- und Wirtschaftsgebiet, und in der dauernden Rivalität, die alle mittelalterlichen Städte kennzeichnete, behielten sie jede ihren besonderen Charakter. Als dann gegen das Ende des Mittelalters hin die jüngste in der Gruppe, Amsterdam, alle andern überflügelte, da geschah dies unter wirtschaftlichen Verhältnissen, die nicht mehr diejenigen des dreizehnten Jahrhunderts sind. Und auch jetzt noch läßt der Vorrang Amsterdams keine der andern zu Bedeutungslosigkeit und Verlust des Reichtums herabsinken; im Gegenteil: eine Gruppe der allerkleinsten Städte, vor allem im Nordgebiet, geht erst jetzt ihrer Blütezeit entgegen. Holland war schon im fünfzehnten Jahrhundert vorwiegend ein Städteland geworden; Seeland und Utrecht wurden es, wenn auch in schwächerem Grad, ebenfalls; und in dem Maße, in dem Handel und Gewerbe die Hauptquellen der Wohlfahrt wurden, nahm die gesamte Bildung mehr und mehr den Typus einer städtischen Kultur an. Die wirtschaftliche Struktur des Landes war in seinem vornehmsten Teil diejenige einer Vielheit von kleinen Städten, die in engen Grenzen nebeneinander lebten, was natürlich nicht hinderte, daß weitaus die größte Oberfläche des Gebietes noch von Wasser, Heide, Acker- und Grasland bedeckt war.

Wenn also in bezug auf die Städte die Bodenbeschaffenheit selbst eine gewisse Gleichartigkeit der Kräfteverteilung bedingte, so ist Niederland auch in agrarischer Hinsicht von den Nachteilen eines übermäßigen Großgrundbesitzes verschont geblieben. Auch in den Landprovinzen, in denen der Großgrundbesitz vorherrschte, war es doch in der Regel ein relativ bescheidener Grundbesitz, der nicht entfernt zu vergleichen war mit der drückenden Ungleichheit in den anstoßenden Gebieten. Es ist bekannt genug, daß hierzulande, abgesehen von Geldern und Overijsel, die Reste der Hörigkeit unter den Bauern schon gegen das Ende des Mittelalters so gut wie ganz verschwunden waren. Das vorwiegende agrarische Rechtsverhältnis war dasjenige einer freien Pacht. In den friesischen Ommelanden Groningens und in Friesland selbst war uralter Eigenbesitz des Bodens in der Hand der Bauern keine Seltenheit. Einzig in diesen beiden Provinzen waren die Bauern als Stand in den Staaten vertreten, dank dem Nicht-Durchdringen des Lehenssystems, das in den übrigen Gebieten den Boden als Amtsherrschaften in den Händen der Herren unter das Lehensrecht gebracht und damit den Bauern als öffentlichrechtliche Person zum großen Teil daraus verdrängt hatte. Diese Zurückdrängung als Stand bedeutete aber für den Bauern nicht notwendigerweise auch eine wirtschaftliche Bedrückung. Wo der Boden reich war und die Möglichkeit zur Gewinnung oder Urbarmachung neuen Landes offenstand, war die Erwerbung eines mäßigen Pachtbesitzes nicht allzu schwierig.

Ist es zu optimistisch, wenn man sagt, daß Ostade mit einigem Recht den Bauern als einen vergnügten Dicksack darstellt?

Der alte Landadel war zum weitaus größten Teil einfach und patriarchalisch in seinen Sitten und relativ karg von Einkommen geblieben. Er war wie der alte deutsche Adel ohne Titel: man war «Herr von»; sogar das «von» war kein notwendiger Teil des Namens, wie es die Schimmelpenninck, die Torck und die De Cocq und so manche andere Geschlechter bezeugen. Junker und Baron war nicht viel mehr als ein sporadischer Sprachgebrauch, nicht eine offizielle Rangordnung. Grafentitel sind niederländischen Geschlechtern, von einer einzigen Ausnahme abgesehen, erst nach 1700 durch den Kaiser zu Wien verliehen worden. Mit den angesehensten und ältesten Häusern in der Grafschaft Holland war es eigenartig gegangen. Während die Arkel früh ausstarben, erwarb ein Zweig der Egmond die herzogliche Würde in Geldern, um in der Zeit Karls V. zusammen mit der Selbständigkeit des Herzogtums selbst zu verschwinden. Ein anderer Zweig der Egmond war durch den burgundischen Hofdienst nach dem Süden gezogen worden und kam dort zu den höchsten Würden, während andere Linien des Hauses sich so verzweigten, daß sie wieder in der holländischen Ritterschaft aufgingen oder sogar *diesen* Rang verloren. Die Brederodes blieben die ersten in Holland, bis ihr Wappenschild im Jahr 1653 zu Vianen über dem Grab von Jan Wolfert, dem letzten des Geschlechts, zerbrochen wurde. Die Wassenaar schließlich blieben ebenfalls im Lande und verzweigten sich bis zum heutigen Tag. Die Borselen in Seeland waren hübsch unterwegs zu einer landesherrlichen Stellung dank der burgundischen Gunst, als ihr Geschlecht noch vor 1500 ausstarb; auch von den minder ansehnlichen Geschlechtern Seelands war schon um 1600 nichts mehr übrig.

So blieb, da es nun einmal auf Holland und Seeland ankam, trotz der hohen Zahl der Herren in Gelderland, Utrecht und Overijsel das ständische Gewicht des Adels in der Republik verhältnismäßig gering. Die Geistlichkeit war mit dem Sieg des reformierten Glaubens als Stand völlig verschwunden. Zu dem raschen Sieg des Calvinismus hat offenbar die Tatsache beigetragen, daß die Geistlichkeit als Stand hierzulande von alters her verhältnismäßig schwach verwurzelt gewesen war. Spät christianisiert und stark abseits gelegen, fern von den Mittelpunkten von Staatsautorität und Hierarchie, hatten die nordniederländischen Gebiete in starkem Gegensatz zu denen von Lüttich, Brabant, Flandern und Hennegau im Süden nie den Boden geliefert für eine hohe Geistlichkeit von Ansehen, Reichtum und Macht. Von Friesland an bis zur Maas und zur Schelde bildete das gesamte Gebiet nur *ein* Bistum, dasjenige von Utrecht. Die zahlreichen friesischen Klöster mochten geistlich und wirtschaftlich von großem Gewicht sein, – man denke an Männer wie Emo und Menco im dreizehnten und an die Gelehrsamkeit Aduards im fünfzehnten Jahrhundert, – eine typische hohe Geistlichkeit lieferten sie mit all ihren Äbten nicht. Es entstanden eigentlich in der Utrechter Diözese nur zwei reiche und alte Klöster: Egmond und Middelburg, von denen nur das letztere gegen Ende des Mittelalters auch eine politische Funktion erlangte. Die Städte bekamen mit der Zeit zahllose Konvente; die Yselstädte brachten die Bruderhäuser und die Kongregation von Windesheim hervor; aber all dies ist spätmittelalterliches Gewächs gewesen, das der Geistlichkeit als Stand, als Gliederung der Gemeinschaft, nicht mehr zu Gute kam. Wäre es anders gewesen, dann hätte sogar ein so mächtiger Fürst wie Karl V. nicht zu jener beinah unerhörten Maßregel von 1528 übergehen können, der Aufhebung der weltlichen Macht des Bistums Utrecht.

So stieß dann die Reformation und bald nach ihr der Aufstand hier nicht mehr auf eine feste kirchliche Organisation von vielen reichen Abteien und hohen Prälaten, wie andere Länder sie besaßen, und die Kirche als geistliche Macht hatte zu viel von ihrer Handhabe in der Volksseele verloren, als daß sie das Einströmen der neuen Glaubensform, sei es in lutherischer, in täuferischer, spiritualistischer oder calvinistischer Gestalt hätte abwenden können.

Infolgedessen blieb als wirtschaftlich starke und geistig mündige Oberschicht eigentlich nur der Kaufmannsstand übrig. Er war noch nicht übermäßig reich, aber er war sehr zahlreich und ziemlich gleichmäßig verbreitet über eine große Anzahl von Städten hin, vornehmlich in Holland und Seeland. In dem Maße, als die Macht des Adels schwächer wurde und diejenige der alten Kirche gänzlich verschwand, mußte der erste Platz, den der Kaufmannsstand im Geschäftsleben einnahm, auch den Vorrang im politischen und sozialen Leben mit sich bringen. Aus der obersten Schicht des Kaufmannsstandes wuchs allmählich, ohne sich vom Boden des Geschäftslebens ganz zu trennen, ein Magistratenstand empor. Es ist nicht leicht, sich von diesem Wachstumsprozeß eine deutliche Vorstellung zu bilden. Man spricht zuweilen etwas allzu leichthin und allzu früh von einem Stand der Regenten. Wie lebten und wie dachten diese Schöffengeschlechter in Dordrecht, Haarlem oder Leiden, die schon kurz nach 1400 als «vroescip ende rycheit» das Personal des «Gerichts» zu stellen pflegten? Erst im Lauf des sechzehnten Jahrhunderts sieht man ihre Figuren etwas deutlicher umrissen, zuweilen von recht hoher Bildung erfüllt, die sie teils aus dem Rederijker- und Meistersingerwesen, zum Teil aus den Schulen der devotio moderna und des dort aufkeimenden Humanismus schöpfen: ein Pompejus Occo, später ein Spieghel, ein Roemer Visscher.

Patrizisch kann man diese alte Klasse, aus der sich das «Gericht» oder «Wet» rekrutiert, wohl nennen, einen «Regentenstand» noch nicht. Dazu blieb es noch lange viel zu leicht, in diesen Kreis der «souveränen Herren Hans Mulder und Hans Kaaskofer», wie der Anhang Leicesters höhnte, Eingang zu finden, auch noch in der Zeit, als das Stadtpatriziat sich durch die Erwerbung liegender Herrschaften einen Quasi-Adel zu verschaffen begann. Es wäre der Mühe wert auszurechnen, ein wie großer Prozentsatz der bestehenden Amtsherrschaften zu einem gegebenen Zeitpunkt des siebzehnten Jahrhunderts in dieser oder jener Provinz in die Hände des höheren Bürgertums gelangt ist. Ein anerkannter Adel ergab sich aus solchem Besitze nicht, auch wenn der Sprachgebrauch der «oberen Zehn» selbst gerne den Namen der Herrschaft an die Stelle des alten Familiennamens setzte. Auf die Dauer hat bei den noch fortlebenden unter diesen Geschlechtern, auch nachdem sie vom Königreich des neunzehnten Jahrhunderts offiziell geadelt worden waren, der Familienname in der Regel wieder das Übergewicht über denjenigen der Herrschaft gewonnen: die Zuidpolsbroek hießen nun wieder De Graeff und die Hillegom oder Vromade wieder die Six.

Auf den ersten Blick mag es verwunderlich scheinen, daß Niederland ausgerechnet zur Zeit und während der ganzen Dauer jener langen Krise seines Freiheitskampfes die erstaunliche Handelsblüte hat entfalten können, welche die materielle Grundlage für seine hohe Kultur bildete. Zwei Überlegungen können jene Verwunderung mäßigen: an erster Stelle die Tatsache, daß für einen guten Teil jener Blüte der Aufstieg schon ein paar Jahrhunderte zuvor geschehen war. Die Frachtfahrt über die Ostsee und diejenige nach Norwegen hin, die Fahrt nach Frankreich und Spanien waren schon im späteren Mittelalter Hauptquellen der Wohlfahrt gewesen. Als neue Quellen ständig steigender Handelsmacht kamen dann gegen das Ende des sechzehnten Jahrhunderts die Fahrt in die Levante und nach Indien hinzu, der sich alsbald wieder diejenige nach Persien und nach dem fernen Osten anschloß. Ferner war der Kriegszustand lange nicht in allen Hinsichten ein hindernder Faktor. Die Kriegführung selbst vollzog sich stets mit großen Zwischenpausen; sie war immer auf einen kleinen Teil des Terrains beschränkt, und die Mittel der Gewaltausübung blieben, so groß der Schrecken gewesen sein mag, gering in der Auswirkung. Das gesamte Geschäftsleben wurde durch sie eigentlich nie völlig aus den Fugen gehoben oder auch nur ernstlich gestört. Nach 1575 sah die Provinz Holland den Feind kaum mehr auf eigenem Grund und Boden. Der verbissene Kampf von Spaniern und Portugiesen gegen unsre Seefahrt brachte dem Handel gewiß ebensoviel Vorteile wie Gefahren. Genau besehen, ist es somit nicht so erstaunlich, daß gerade zwischen den ersten Jahren des Aufstandes und dem Abschluß des zwölfjährigen Waffenstillstandes der Aufstieg auf dem ganzen Gebiet von Geschäft und Verkehr seinen hohen Flug genommen hat. Schon 1596, als die neue Staatsform erst seit etwa acht Jahren bestand, und während Prinz Maurits noch damit beschäftigt war, sie durch Feldzug um Feldzug zu befestigen und die Grenzen zu sichern, kann Amsterdam in einem Brief an die Generalstaaten erklären, daß das Land in Handelsumsatz und Schiffszahl England und Frankreich weit hinter sich zurücklasse. Und dabei war die Handelsmacht der Republik damals erst in ihren Anfängen.

Vielleicht könnte jemand annehmen, das Vaterland habe seine hohe wirtschaftliche Stellung einer besonderen, frühreifen Entfaltung seiner Ideen über Volkswohlfahrt zu danken gehabt, die es ermöglicht hätten, andere Länder durch neue, besser durchdachte Methoden zu überflügeln. Dies ist keineswegs der Fall. Die Wohlfahrt des Landes ist innerhalb der Schranken eines Geschäftssystems entstanden, das man viel eher veraltet nennen müßte und das in den anstoßenden Ländern bereits im Begriff war, strafferen und moderneren Organisationsformen Platz zu machen. Das System, innerhalb dessen Holland seine Größe erlangt hat, war in Wirklichkeit noch das spätmittelalterliche, prämerkantilistische Wirtschaftssystem. Das Prinzip, an dem man mit aller Kraft festzuhalten wünschte, war im Grunde das der mittelalterlichen städtischen Freiheit zu Gunsten der engsten Gemeinschaftsgruppe und auf Kosten aller andern.

Die ersten Zeichen des späteren Merkantilismus, die man in den kräftigen Monarchien Frankreich und England schon gegen Ende des Mittelalters wahrnehmen kann, waren so sehr von fiskalen Gesichtspunkten und Interessen beherrscht, daß Handel und Verkehr von ihnen beinah ebenso sehr gehindert als gefördert wurden. In dem abgelegenen Küstengebiet der Nordsee hingegen, wo die schwache Autorität des Reichs und der deutschen Kaiser sich kaum mehr geltend machen konnte, war für solche von oben her regulierende Bestrebungen einer Zentralmacht kein Platz gewesen. Schiffahrt und Handel hatten sich hier entfaltet, wie die Gelegenheit es gestattete, und diese Gelegenheit war eigentlich durchgehend günstig gewesen, unter anderm dank dem langdauernden Kampf zwischen England und Frankreich, der von etwa 1330 bis nach 1450 in beiden Ländern das wirtschaftliche Wachstum behindert hatte.

Als nun im Kreis der Niederlande das eine Gemeinwesen früher, das andere später, zwischen 1384 und 1428 in die Macht der Herzoge von Burgund geriet und als sie damit zunächst unter eine Autorität zu stehen kamen, die man gewiß keineswegs zentral nennen kann, die aber doch auf Zentralregierung bedacht war, entging es den neuen Machthabern nicht, daß bei einem so reichen und für ihre eigene Herrschaft so vorteilhaften Zustand eines Wirtschaftslebens, das in Freiheit aufgewachsen war, wenig Anlaß bestand, von oben her einzugreifen. Erst die habsburgische Regierung, die viel mehr als die burgundische von bewußten Theorien über Handelspolitik beherrscht war, glaubte auch hier zentral-fiskalischen Zwecken nachstreben zu müssen, auf Kosten der einheimischen Wirtschaftsfreiheit, besser gesagt, der lokalen und regionalen Selbständigkeit, die im Innern eher Zwang als Freiheit bedeutete. So versucht seit 1505 die Regierung zu Brüssel, den Getreidehandel Hollands einer Steuer zu unterwerfen. Amsterdam aber, das als Handelszentrum eben in raschem Aufstieg begriffen ist, braucht für den Getreidehandel Freiheit und vor allem Normalität. Auf den wiederholten Protest der holländischen Städte hin, die sich auf ihre Privilegien berufen, sieht die Regierung mehr als einmal von ihren Plänen ab und läßt es beim Alten. Es braucht hier nicht dargelegt oder beurteilt zu werden, welche Bedeutung Albas Besteuerungspläne für den Ausbruch des Aufstandes gehabt haben. Die alte wirtschaftliche Freiheit lag dem Volk als ein teures Erbteil der Väter nah am Herzen. Als der große Kampf gegen den fremden Herrscher gewonnen war, blieb das alte System der wirtschaftlichen Dezentralisation unverkürzt erhalten. In dieser reichen Republik der Sieben Provinzen, die von allen andern Staaten um ihren Welthandel beneidet wurde, gab es keine Gewalt, die der nach allen Seiten hin überströmenden Unternehmungslust Ordnung und Regel gegeben hätte. Die Generalstaaten besaßen keinerlei Befugnis, das Wirtschaftsleben zu leiten; nur den beiden großen Handelskompanien für Ost- und Westindien haben sie als höchste öffentliche Instanz Privileg und Verfassung verliehen.

Es war also keineswegs ein Vorsprung auf dem Gebiet der

Handelsorganisation und der Wirtschaftstheorie gewesen, der es den Holländern ermöglicht hätte, sich des Welthandels zu bemächtigen. Viel eher ist ihnen gerade das Fehlen staatlicher Bemühung dabei zu statten gekommen. Abgesehen von der Tatsache, daß die Ostindische Kompanie einen bedeutenden Schritt im Aufkommen der Aktiengesellschaften bedeutet hat, ist es nicht System und Organisation gewesen, was Holland groß gemacht hat, sondern viel eher ihr Nichtvorhandensein oder vielleicht besser gesagt, das Steckenbleiben der Organisation in jenen äußerst einfachen Formen, die man im Mittelalter Freiheit nannte, dies heißt: jede kleine Einheit steht selbständig für sich; strenge Verbote gelten innerhalb des eigenen Kreises. Außenstehende bleiben nach Möglichkeit ausgeschlossen; aber keine Zentralgewalt legt Schranken auf. Aus dieser althergebrachten Auffassung der Freiheit als eines streng prohibitiven Rechts gegenüber andern geht auch noch die Aufrechterhaltung der Sperre an der Schelde direkt hervor, so wie sie 1648 zu einem Eckstein unsres Staatsrechts gemacht wurde. Im Jahr 1585 war sie als eine drosselnde Kriegsmaßnahme gegen das künftig spanische Antwerpen gerechtfertigt gewesen. Dank ihr war Amsterdam groß geworden. Als man 1609 den Waffenstillstand abschloß, hatte es noch einen Sinn, daß man dem Feind nicht zwölf Jahre Gelegenheit geben wollte, wieder zu Kräften zu kommen. Seit 1635 hatte die Eroberung Antwerpens militärisch auf der Hand gelegen. Man hatte sie versäumt, nicht ausschließlich wegen der Abneigung Amsterdams gegen eine solche Unternehmung; die Außenpolitik der Union war durch die Bundesgemeinschaft mit Frankreich eine sehr delikate Sache geworden. Inzwischen war die Schließung der Schelde für Holland so sehr zu einer festen Lehre geworden, daß man 1648 gar nicht daran denken konnte, sie preiszugeben.

Abwesenheit oder Ausfall von Konkurrenten ist eine der vornehmsten Ursachen für die unvergleichliche Handelsblüte der Republik gewesen. Das ganze Zeitalter ihres materiellen Aufstiegs ist gekennzeichnet durch eine ungewöhnliche wirtschaftliche Passivität der meisten Länder Europas. Wie hätte Amsterdam, für das der Getreidehandel eine Schlagader seines Daseins bedeutete, so hoch steigen können, wenn Polen, Schweden oder Dänemark die Ostsee so kräftig beherrscht hätten, wie Lage und Mittel es ihnen erlaubt hätten? – Amsterdam war mit Recht für den freien Handel, nicht auf Grund einer Theorie, denn die gab es noch nicht, aber weil sein handgreiflichstes Interesse hier mit dem mittelalterlich-konservativen Herkommen übereinstimmte. Als nun der im Welthandel erworbene Reichtum wieder das Aufkommen des Geldhandels mit sich brachte und dieser letztere in der Praxis frühzeitig die Augen öffnete für die Unhaltbarkeit der merkantilistischen Grundsätze, die überall sonst eben Boden gewannen, da wurde Amsterdam tatsächlich die Pflegestätte fortschrittlicher ökonomischer Vorstellungen, wenn auch noch nicht wissenschaftlicher Theorien. Die Republik hatte sozusagen den Merkantilismus übersprungen.

Für die reiche Blüte der Industrie gilt in der Hauptsache dasselbe, was über den Handel gesagt wurde. Auch für sie ist das Fehlen einer zentralen regulierenden Gewalt ein Vorteil gewesen. Einerseits konnte auf diese Weise im Rahmen der alten und in mancher Hinsicht etwas veralteten Zunftverfassung ein reges gewerbliches Leben sich über eine Vielheit von Städten auf natürliche Weise verteilen, ohne daß die einengenden Verbotsbestimmungen der einen Stadt der Wohlfahrt der andern im Weg standen. Andrerseits konnten bei dem Fehlen von Eingriffen einer zentralen Gewalt überall und auf jedem Gebiet, das von den städtischen Verboten nicht betroffen wurde oder das nicht in der alten Zunftverfassung eingeschlossen war, neue Zweige der Industrie ungehindert entstehen und sich entfalten. Gerade eine Anzahl von Gewerbszweigen, welche in engster Beziehung zu Handel und Schiffahrt standen, war dem alten Zunftzwang nicht unterworfen, wie zum Beispiel die Herstellung von Essig, Branntwein, Krapp, Salz, Seife, Teer, Ton, die Raffinerie von Zucker und Tabak, der Heringfang, die Verarbeitung von Holz, Stein, Eisen und andern Mineralien. Ein ausgiebiges Feld zur Investierung industriellen Kapitalgewinns und zur Verwendung von Arbeitskräften war immer vorhanden, ohne daß irgendeine zentrale Regulierung die Linien vorgeschrieben hätte. Überdies fehlte es nie an jener so ausnehmend reinen und gesunden Quelle der Wohlfahrt, der Verbesserung des Bodens durch Eindeichung und Entwässerung, neben der auch die Urbarmachung unbebauten Bodens immer noch einen bescheidenen Platz einnahm. Durch Landgewinnung stieg der Umfang der verwendbaren Bodenfläche andauernd. Sogar die Klimaverhältnisse haben zur Wohlfahrt beigetragen, denn ohne die anhaltenden Westwinde wäre Holland nie das Land der Windmühlen geworden, jener Windmühlen, die mehr Wasser als Korn gemahlen haben und die bis vor kurzem unsrer Landschaft ihren Stempel aufgedrückt haben. Lebhaft erinnere ich mich, wie mein Vater mir 1880 zeigte, wie man vom Zug aus, wenn man nahe bei Amsterdam gegen die Zaankant hinausblickte, wohl hundert Mühlen sehen konnte. Ohne die Windmühlen hätte Holland nicht allein nicht das Land der Polder sein können, sondern auch die Arbeitskraft des alten Handwerks und ein großer Teil der Industrie wären nicht in Gang gekommen.

Es scheint mir eigentlich kein genügender Grund vorzuliegen, daß man zur Erklärung von Hollands wirtschaftlichem Aufschwung im siebzehnten Jahrhundert neben den auf der Hand liegenden Ursachen auch noch hypothetische Begriffe wie den kapitalistischen Geist oder gar die calvinistische Wirtschaftsgesinnung in Trab setzen müsse, wie es vor dreißig Jahren üblich geworden ist. Alles nimmt ja von den mittelalterlichen Tendenzen her so natürlich seinen Lauf. Es ist dabei nie von einer Wende der Zeiten die Rede gewesen, wobei man bewußt vom Alten Abschied genommen und neue Bahnen eingeschlagen hätte.

Bei allem, was die Entwicklung von Handel, Industrie und Verkehr betrifft, muß dabei, wie jedermann weiß, in erster Linie an die Provinz Holland gedacht werden. Sogar Seeland macht nur einzelne Teile des Prozesses mit. Die übrigen Provinzen bleiben hinter den zwei See-Ländern weit zurück. Sie haben wohl alle einigen Anteil an der großen Entfaltung gehabt, aber wie gering war er im Vergleich mit den beiden bevorzugten Schwestern! Sie waren weniger dicht bevölkert, ihr städtischer Charakter weniger ausgeprägt; die meisten waren dabei im Ganzen auch weniger fruchtbar. Die Republik zeigt, rein geographisch betrachtet, eine merkwürdige Struktur. Von einem zentralen Gebiet und einer Peripherie kann man eigentlich nicht sprechen. Holland lag nicht zentral und Seeland noch weniger. Rein räumlich wäre noch eher Utrecht der Mittelpunkt gewesen, aber dies stimmt nicht völlig. Die Zuidersee mit den Waddeninseln im Norden und den Mündungen von Maas und Schelde im Süden hat es verhindert, daß die Sieben Provinzen irgendeine geschlossene geographische Gestalt annehmen konnten. Sie blieben auch in ihrer Vereinigung ein Konglomerat, das durch den Zuwachs der Generalitätslande eine noch unregelmäßigere Form bekam. Die Karte Hollands sieht, wenn man sich einen Augenblick von den geliebten Formen lösen kann, wie ein Phantasiegebilde aus, wie eine Grille der Geschichte. Sie zeugt lauter als irgendeine andere Karte für die Tatsache, daß unsre alte europäische Welt nicht wie die neuen Staaten des fernen amerikanischen Westens ihre Landgrenzen von Zirkel und Lineal bekommen haben, sondern daß zweitausend Jahre besonderer Umstände und Schicksale in diese unregelmäßige Gestalt eingegangen sind.

Was für die wirtschaftliche Struktur der Republik gilt, das gilt für die politische beinah in noch verstärktem Maße. Auch der Staat war durchaus konservativ, auf altem Herkommen aufgebaut, festhaltend an Tradition und alten Rechten. Der Freiheitssinn war lebendig; aber die Vorstellung Freiheit war diejenige des Mittelalters: Freiheit, aufgefaßt als eine Gruppe von Freiheiten, und Freiheiten gleichbedeutend mit einer Anzahl Regeln, von denen jede innerhalb eines bestimmten Gebietes Gültigkeit hat, – Regeln wie: ich darf tun, was du nicht tun darfst. Freiheiten waren Freiungen, Freistellungen auf Grund von Privilegien, d. h. Gewährungen von Ausnahmen, Befreiungen vom allgemeinen Gesetz. Erst in der Zeit des Aufstandes, als der Begriff patria, Vaterland, und auch das Wort Niederland selbst, so einen Klang von Glocken und Trompeten bekam, wölbt sich über jenem engen mittelalterlichen Freiheitsbegriff eine Idee von gemeinsamem Streben und gemeinsamem Leiden, eine Idee, die beschränkter und gebundener war als später die Freiheitsidee des achtzehnten Jahrhunderts, aber gewiß nicht weniger rein, noch weniger wirksam.

Auch im Hinblick auf den Staat der Vereinigten Provinzen erweist sich eigentlich der Gegensatz von Zentralisation und Dezentralisation nur in geringem Maße als anwendbar. Zentralisiert war die Regierung ganz gewiß nicht; aber ein System, wie es die Provinzen bildeten, in dem jede für sich den Anspruch auf

Souveränität erhob, jede für sich in Stände oder Staaten ge-
gliedert war, kann doch auch nicht als ein Beispiel der Dezentralisation gelten. Es ist da nichts zu dezentralisieren, weil kein Zentrum besteht, bei dem man anfangen könnte. Ein solches Zentrum gab es nicht. Will man dem Strukturprinzip der Republik
einen Namen geben, dann paßt «Besonderung» oder, falls man es
lieber hört, Partikularismus (als Tatsache, nicht als Streben)
besser als Dezentralisation.

Das Nebeneinanderbestehen einer Anzahl von kleinen Kreisen
der Amtsgewalt und der Regierung brachte eine bewahrende Ge-
sinnung von selbst mit sich. Denn das sechzehnte und siebzehnte
Jahrhundert kennen, abgesehen von den Extravaganzen radika-
ler Schwärmer oder Phantasten wie der Wiedertäufer in ihrer
Münsterschen Episode oder der Levellers in Cromwells Zeit, im
Hinblick auf den Staat noch keine andere Haltung als den
Wunsch des Erhaltens und Bewahrens. Der Aufstand gegen die
spanische Regierung war eine konservative Revolution und
konnte nichts anderes sein. Die bewußten Neuerer, Reformer,
Verjünger, Umstürzer sind in dieser Zeit nicht die Rebellen,
sondern die gesetzlichen Regierungen. Die neuen politischen
Kräfte des Zeitalters, die auch auf die Niederlande gerichtet
waren, gingen aus dem fürstlichen Zentralismus und Absolutismus hervor, wie er in Frankreich, Spanien, England entweder
das Spiel bereits gewonnen hatte oder im Begriff war, sich auf
Kosten der ständischen Regierungen des Spätmittelalters zu ver-
stärken. Als um 1400 die burgundischen Herzoge in den Niederlanden Meister wurden, stand dieses bewußte Streben nach Zu-
sammenfassung und vollkommener Ausnützung aller Staats-
macht erst in den Anfängen. Für die Fürsten von Philipp dem
Kühnen bis zu Karl dem Kühnen lag die Aufgabe in erster Linie
noch in dem Streben, in jedem einzelnen der Staatswesen die Re-

gierung auf etwas festere Beine zu stellen, wie sie es in Holland taten, indem sie den alten, primitiven Rat des Grafen zu einem Hof von Holland umgestalteten, der indessen noch bei weitem kein modernes Rechtskollegium war. Für die Schaffung zentraler Organe für die Gesamtheit der burgundischen Niederlande war die Zeit noch kaum reif geworden: das Parlament von Mecheln und die einzelnen Tagungen allgemeiner Staaten waren schüchterne Versuche, mehr nicht.

Ganz anders wurde es, als Karl V. über einen Komplex von Niederlanden gebot, der durch Friesland, Groningen, das Stift Utrecht und Geldern erweitert war. Nun feierte die neue Staatskunst des zentralen Organisierens ihre hohe Zeit: in der Errichtung der drei Räte von 1531 und in andern Dingen. In der Folgezeit aber hat Karls allzu spanisch gesinnter Sohn nicht begriffen, daß dieses bedeutsame, reiche Gebiet, das von Luxemburg bis nach Friesland reichte und das als Ganzes immer noch am ehesten unter dem Namen Burgunds bekannt war, nur dann nach den neueren Prinzipien der Staatskunst regiert werden konnte, wenn man es als neue, selbständige Einheit innerhalb der westlichen Staatenwelt anerkannte und diese Selbständigkeit sorgsam respektierte. So etwas konnte das Madrid Philipps II. unmöglich einsehen. Die Folge war der Aufstand. Die spanische Regierung wagte sich mit dem Zehnten Pfennig auf ein Gebiet finanzieller Experimente vor, ohne auch nur einigermaßen zu untersuchen, ob ihre Maßregeln sich in die wirtschaftliche Struktur der Niederlande einfügen ließen. Sie versuchte sodann Reformen, die an sich äußerst nützlich waren wie die Vereinheitlichung des Strafrechts, aber ohne zu bedenken, wie sehr in den Niederlanden der Gesamtbegriff von Recht und Gesetz noch im mittelalterlichen Begriff des Privilegs verwurzelt war, das jeder Zentralisierung, so erwünscht sie sein mochte, entgegenstand.

35

Es ist nicht nötig, hier vom Aufstand selbst ausführlich zu sprechen, noch ist es möglich, den Anteil zu beurteilen, den dabei die Sache des Glaubens auf der einen, die Person Wilhelms von Oranien auf der andern Seite gehabt haben. Nur dieser eine Punkt sei noch einmal mit Nachdruck wiederholt. Was immer vom vierzehnten Jahrhundert oder von noch früher her an tiefgreifendem Unterschied zwischen Norden und Süden, zwischen Flamen und Brabantern einerseits, Holländern, Gelderleuten und Friesen andrerseits, bestanden haben mag, das Resultat, daß Nord und Süd seit 1579 auseinandergingen und daß der bisher ärmere nördliche Teil, der geringeren Ruhm und geringere Tradition besaß als Flandern, Brabant und Hennegau, welche Kernlande des Rittertums und der Städteblüte gewesen waren, diese nun künftig an Macht und Ansehen übertreffen sollte, dieses Resultat ist nicht aus einer Art ethnischer Prädestination hervorgegangen, die nach Volksart getrennt hätte, was nach Volksart verschieden gewesen wäre, sondern aus der nicht ableitbaren Verkettung besonderer Geschehnisse.

Der Sieg bedeutete für die Vereinigten Provinzen außer der Vormacht des protestantischen Glaubens auch die Erhaltung der städtischen Selbstverwaltung und der provinziellen Regierung nach dem alten ständischen System im Gegensatz zur politischen Zeitströmung und darüber hinaus das Fortdauern des in mancher Hinsicht veralteten Wirtschaftssystems, das mit den genannten politischen Verhältnissen aufs engste verbunden war. Die Union von Utrecht war im Prinzip ein bloßes Kriegsbündnis ad hoc gewesen, um den Kampf bis zu einem befriedigenden Ende mit gemeinsamen Kräften fortzusetzen. Einzig der erste Artikel, der die Union als permanent erklärt, spricht von weiter reichenden Zwecken. Aber wie viele Bündnisse und Pakte haben sich nicht vor und nach diesem als ewig erklärt, die keineswegs standgehalten haben! Bei der Union ging es nicht ausdrücklich um politische Freiheit und Selbständigkeit, geschweige denn, daß sie von Anfang an als Verfassung eines freien Staates entworfen gewesen wäre. Erst die Umstände haben sie dazu gemacht, und es konnte nicht ausbleiben, daß ihre Unzulänglichkeit für ein so großes Ziel in der Praxis dann zum Vorschein kam. Die Grundlage, auf der man sich vereinigt hatte, war diejenige eines mittelalterlichen Freiheitsbegriffs gewesen, der nicht mehr ausreichte, als man darauf einen neuen Staat aufbauen wollte. Die geforderte Einhelligkeit der Stimmen, die für beinah alle wichtigen Beschlüsse notwendig war, stellte ein Prinzip dar, das aus der Zeit stammte, bevor das Mehrheitsprinzip allgemein zur Anwendung kam. Im früheren Mittelalter waren ja in der Tat bedeutsame Wahlen und Beschlüsse von der Vorstellung oder, wenn man will, von der Fiktion beherrscht gewesen, daß die Beratenden miteinander eins geworden seien und daß letzten Endes der Heilige Geist die richtige Wahl eingegeben habe. In der Praxis moderner Staatsführung indessen bedeutete die Forderung der Einstimmigkeit lediglich Verhinderung einer wirklichen zentralen Exekutivgewalt. Noch bedenklicher wirkte auf die Dauer das Fehlen irgendeines Mittels, um über den toten Punkt gegensätzlicher Meinungen hinwegzukommen oder eine Minderheit zu zwingen, sich der Mehrheit zu fügen. Kein Wunder, daß bei einem so mangelhaften Staatsinstrument gerade diejenigen Artikel der Union, die auf wirkliche Einheit der Regierung zielten, wie die Vorschrift einer allgemeinen Steuer, nie zur Ausführung gekommen sind.

Die Republik war – so kann man es ausdrücken – eine politische Schöpfung, die ihrem Ursprung nach nicht als ein neuer Staat gemeint war, – im Jahr 1579 hatte man ja dem König noch nicht abgeschworen, – die, als dann 1587 die Umstände unerwartet verlangten, daß sie sich als Staat benehme, in einer gänzlich unfertigen Gestalt plötzlich festgelegt wurde, und die – was ihren Aufbau betrifft – auf veralteten Grundlagen ruhte und von keinem einzigen bewußten politischen Prinzip ausging. Das merkwürdigste Zeichen für diese völlige Anomalie unsres alten ruhmreichen Staates liegt, wie jedermann weiß, in der Tatsache, daß man dem Souverän abschwor und seinen Delegierten, den Stadhouder, behielt, und zwar in einer Position, in der er, ohne die Attribute der Souveränität zu besitzen, doch einzelne ihrer Rechte, wie das der Begnadigung, ausübte und in der er den Staaten gegenüber eine Macht verkörperte, die weder Obergewalt über sie noch amtsmäßige Untergebenheit ihnen gegenüber heißen konnte. Übrigens war die Stadhouderschaft nicht das einzige staatsrechtliche Monstrum im Staat. Das Amt des Ratspensionaris von Holland war es mindestens ebensosehr. Der Titel, der nach dem öffentlichen Trauerspiel von 1618 denjenigen des «Landesadvokaten» ersetzte, war schon vorher in Seeland in Gebrauch gewesen. Aus dem rechtsgelehrten Berater der Staaten von Holland war im Drang der kritischen Umstände ein Amtsträger hervorgegangen, der tatsächlich in jener Staatenversammlung zugleich Präsident und Sekretär war und überdies in den Generalstaaten den größtdenkbaren Einfluß besaß. Der Ratspensionaris von Holland war es, der mit den fremden Gesandten dauernd im Gedankenaustausch stand, so daß die ausländischen Regierungen ihn für einen ersten Minister des gesamten Staates ansahen. Überdies war er auch noch der Mann, der am besten vertraut zu sein pflegte mit den Finanzen Hollands und infolgedessen auch mit denjenigen der gesamten Union.

Und als ob die Beibehaltung eines Stadhouders, der niemandes Statthalter mehr war, noch nicht seltsam genug gewesen wäre, geriet diese Stadhouderschaft, die sich ihrem Wesen nach lediglich auf die einzelnen Gemeinwesen bezog, infolge von Umständen und Zufällen weit ab von ihrer ursprünglichen Basis. Noch bis 1589 hat es besondere Stadhouders von Geldern, Overijsel und Utrecht gegeben. Erst von diesem Augenblick an wurde Maurits auch in diesen Provinzen mit der genannten Würde bekleidet und damit kam diese ganz auf die zwei Zweige des Hauses Oranien-Nassau zu liegen, bis der friesische Zweig mit dem holländischen verschmolz und für ein halbes Jahrhundert nur noch für einen einzigen Stadhouder der gesamten Union Platz war.

Das Staatsrecht der Union war in der Tat wahrlich ein sonderbares Bauwerk. Vielleicht war dies auch einer der Gründe, warum man von keiner bestimmten Staatstheorie ausgegangen war. Vielleicht war es sogar ein Vorteil, daß die Streitfrage über die Art der Souveränität nie bis in alle Einzelheiten gelöst worden ist. Die Souveränität, daran war nach 1587 kein Zweifel mehr, beruhte in den Staaten (Ständen) jedes einzelnen der Gemeinwesen. Die Theorie, wie sie von Hugo Grotius in seinem *Tractaet van de Oudtheyt van de Batavische nu Hollandsche Republique*[1] dargelegt wurde, ging von der Vorstellung aus, als hätten schon in grauer Vorzeit die Stände des Landes einem Grafen oder einem Herzog die höchste obrigkeitliche Gewalt übertragen. In Wirklichkeit waren hier in den nördlichen Niederlanden die Landstände als offizielle Körperschaft, d. h. als Staaten oder Stände, erst spät aufgekommen und dürftig entwickelt geblieben; sie waren aus naheliegenden Gründen in jeder Provinz wieder anders. Denn auch die Landesherrschaft selbst war in den nördlichen Gemeinwesen verhältnismäßig spät entstanden. Die

---

[1] Die holländische «vom Verfasser durchgesehene» Übersetzung erschien im selben Jahr wie der lateinische Text, 1610. In dieser Bezeichnung der Republik werden die Provinzen außerhalb Hollands schlankweg negiert.

schwache Ausbildung der Geistlichkeit als Stand, von der oben bereits die Rede war, kommt in der Staatsregierung deutlich zum Ausdruck. In den meisten Provinzen war sie auf den Ständeversammlungen überhaupt nicht vertreten gewesen. In Seeland verschwand der Abt von Middelburg mit dem Aufstand; in Utrecht besaß man in dem Ständeglied der «Geëligeerden» noch eine schwache Spur von der Stellung der alten Kapitel im einstigen Stift. Da die Bauern nur in Friesland und in Groningen vertreten waren, hatten somit für den größten Teil des Staates in den höchsten regierenden Körperschaften nur zwei Klassen das Wort: das städtische Patriziat und der Landadel. Der letztere überwog in der Ständeversammlung von Geldern und Overijsel; aber weder das Herzogtum, mochte es auch den ersten Rang unter den Provinzen einnehmen, noch das einstige Oberstift hatten in den Angelegenheiten der Union irgendeine dauernde positive Macht. Die Ritterschaft von Holland genoß gewiß ein sehr besonderes Ansehen; aber sie war nicht zahlreich und konnte den Städten gegenüber selten Gewicht in die Waagschale legen. Der Typus der Republik war und blieb: eine an sich schwache Zentralgewalt, die auf dem gemeinsamen Interesse städtischer Oligarchien dahertrieb. Wie schwach der Staat als Ganzes mit Organen ausgestattet war, erhellt wohl am deutlichsten aus der Tatsache, daß ihm ein allgemeiner höchster Gerichtshof fehlte. Um Oldenbarneveldt und seine Genossen zu richten, mußten die Generalstaaten, ohne allzu viel formelles Recht hiezu zu besitzen, die spezielle Rechtsbank der Vierundzwanzig bestellen, die urteilen sollten, um dann selbst von der Historie verurteilt zu werden.

Fügt man dem Bericht über die Unvollkommenheiten der Union noch die Tatsache hinzu, daß der Staatsrat, dem ursprünglich im Sinn des burgundisch-habsburgischen Regierungssystems die zentrale Leitung zugedacht war, neben den mächtigen Provinzialständen zu einem Organ finanzieller Kontrolle verkümmerte, dann ist der Beweis geliefert, daß nicht die Vorzüglichkeit der Staatsform das Gedeihen eines Staates gewährleistet, und zugleich der Gegenbeweis, daß nicht im Absolutismus allein der Geist der Zeit sprach. Denn dieser merkwürdige Staat hat zwei Jahrhunderte lang nicht allein prosperiert, sondern auch mit all seinen Mängeln ein Land und ein Volk besser und heilsamer regiert, als es irgendwo sonst in der europäischen Geschichte dieses Jahrhunderts zu sehen ist. Dieses träge und ungelenk wirkende Instrument der Provinzial- und Generalstaaten hat mit all seinen ernsten Lähmungen und Lücken doch der Politik der Republik eine wenn auch je nach Umständen wechselnde, im Grunde aber konstante Richtung zu geben vermocht, die sich von den abenteuerlichen und zuweilen etwas ruchlosen politischen Experimenten der Stuart, der Wasa und der Bourbon vorteilhaft abhebt. Der Ausländer sah in der Politik der Vereinigten Provinzen nie eine andere Triebfeder als das Gewinnstreben einer habsüchtigen Kaufmannschaft. Und in der Tat, diese Triebfeder war reichlich stark; aber dem ausländischen Zeitgenossen fehlte es an der Fähigkeit und am guten Willen, diese Politik zugleich als eine nationale Wohlfahrtspolitik zu sehen, die vielleicht etwas mehr an Weisheit und Fürsorge für die allgemeine Wohlfahrt in sich schloß als die dynastische Eroberungs- und Intrigenpolitik, in der die meisten Monarchien Europas noch ihr Genügen fanden.

Eine bewußte und konsequente Wohlfahrtspolitik ist von selbst zugleich Friedens- und Versöhnungspolitik. Friede ist vom Anfang der Republik an ihr Ziel und Ideal gewesen. Sie war ja im Kriege geboren, mit den Waffen in der Hand und einer noch unabsehbaren Kriegszeit vor Augen. In dem Maße, als das Übel des Dreißigjährigen Kriegs in und um Deutschland immer tiefer und weiter um sich fraß, wurde der Friede zum allgemeinen europäischen Ideal. «Das abgezehrte und hungrige Europa» – so singt Vondel in seinem Vredezang – «seufzt keuchend, schmerzvoll und mit offenem Mund, nach dem allgemeinen Friedensbund». Diese prinzipielle Friedenspolitik war aber – so wissen wir – nicht eine pazifistische im neueren Sinn des Wortes. Wo sie nicht befriedigen oder versöhnen konnte, hat sich die Republik nie gescheut, die Waffen wieder zu ergreifen.

Die heilsame Wirkung des mangelhaften Verfassungssystems ist nur möglich gewesen dank der größten von allen Anomalien, dank der Stellung des Hauses Oranien; Fürst und doch nicht Souverän, war es mit einer Autorität bekleidet, die an Majestät grenzte; und doch führte es wieder in persönlichem Eingreifen den Oberbefehl im Felde und hatte so in der Person des Fürsten eine unsichtbare Macht hinter sich in der Liebe der Herzen, einer Liebe, die im Dankgefühl des Volkes für den Vater des Vaterlandes wurzelte; wenn die Not an den Mann kam, erwies sie sich stets als stärker als der Wille der regierenden Aristokratie.

Die Tatsache, daß der kleine und junge Staat sich in Europa eine Zeitlang so unbegreiflich hoch hat erheben können, ging nur zum Teil aus inneren Kräften dieser bestimmten Gemeinschaft hervor. Die Verhältnisse der europäischen Politik waren es, die es Holland erlaubt haben, die neue Freiheit und die vorhandenen Kräfte bis zum äußersten zu benützen. Das Schicksal wollte es, daß damals beinah alle andern Staaten infolge innerer Krisen nicht in der Lage waren, ihr volles Gewicht in der europäischen Politik zur Geltung zu bringen. Das Deutsche Reich ist verstrickt in den Dreißigjährigen Krieg; Frankreich, das erst vor kurzem der Glaubenskriege Herr geworden ist, steht nach Heinrich IV. noch vor der Aufgabe, die habsburgische

Macht rund um seine eigenen Grenzen abzuwehren. Englands Kräfte verschlingen sich nach Elisabeth immer mehr in den allmählich beginnenden Kampf um seine eigene Staatsverfassung; das mächtige Spanien wird seiner eigenen Plage des niederländischen Krieges nicht mehr Herr. Kurzum, die letzten Dezennien des sechzehnten und die ersten des siebzehnten Jahrhunderts zeigen das Bild einer beinah allgemeinen Kraftlosigkeit der Außenpolitik. Aus diesem Zustand zieht die Republik der Sieben Provinzen vollen Profit, nicht allein politisch, sondern auch wirtschaftlich. Denn die außenpolitische Schwäche der umliegenden Staaten ließ auch den Kräften von Wirtschaft und Verkehr freies Spiel. Noch für ein gutes halbes Jahrhundert war man nicht geplagt mit der Tarifpolitik der Nachbarstaaten. Von seiten des deutschen Handels und der deutschen Schiffahrt hatte man keine Konkurrenz mehr zu fürchten; die Hanse war zu einer Antiquität geworden. Spanien und Portugal stellten für den Handel nun statt eines Subjektes ein Objekt dar. Frankreich wartete erst noch auf Colbert; England ist man für eine kurze Zeitspanne noch überlegen.

Dieser ganze politische und wirtschaftliche Vorsprung war nun schon seit 1660 fragwürdig geworden oder zu Ende gegangen. Aber der Verlust eines Vorsprunges bedeutet noch nicht ein Sinken der Blüte. Die späteren Jahre des siebzehnten Jahrhunderts sind für die Republik sowohl politisch als wirtschaftlich der Höhepunkt gewesen. Erst nach 1700 folgt im Verlauf des spanischen Erbfolgekriegs für unsern Staat die unabwendbare Tragödie. Gezwungen, als Großmacht sich am europäischen Konflikt zu beteiligen, spielt die Republik ihre Rolle mit Ehre, aber auf Kosten dieser Stellung selbst. In dem erneuerten Europa nach 1713, in dem England die erste Stelle hat und Österreich immer noch höher steigt, in dem Preußen und Rußland nun bereits ihren Platz auf der europäischen Bühne eingenommen haben, ist die Republik hinter den papiernen Kulissen ihrer Barrière in ihren süßen Schlummer gesunken, um von ungestörtem Frieden und klingenden Dukaten zu träumen. Ein Absinken auf allen Gebieten, gewiß. – Und doch scheint es mir immer wieder, daß wir dem Holland des achtzehnten Jahrhunderts gegenüber uns unbillig, zu hochmütig, zu geringschätzig benehmen. Die tiefere Geschichte unsres Landes ist für diese Zeit nie geschrieben worden. Wir kommen am Schluß dieser Schrift auf diesen Punkt zurück.

II

Der soziale Typus der neuen, freien Nation, die mit der Entstehung der Republik gleich ihre Volljährigkeit erreichte, indem sie sich über den von früheren Jahrhunderten geschaffenen Grundlagen eines eigenen Volkslebens erhob, muß notwendigerweise von diesen Grundlagen her verstanden werden, – sofern wenigstens das Wesen eines Volkes wirklich begriffen werden kann. Vieles, was unser Volk kennzeichnet, wird in der Tat von diesen natürlichen, wirtschaftlichen und politischen Voraussetzungen unserer älteren Geschichte her verständlich.

Dies gilt zunächst für den wenig militärischen Charakter des niederländischen Volkes. Es mag auf den ersten Blick befremden, daß der lange Krieg, den das Land mit Kraft und mit Ehre durchgestanden hat, die Niederländer nicht zu einem Kriegervolk gemacht hat. In diesem Punkt zeigt sich ein Gegensatz zwischen den Niederländern und den Schweizern und auch zwischen den Niederländern untereinander, zu Land und zur See. Bei genauerem Zusehen löst sich der Gegensatz zum großen Teile auf. Was die Schweizer betrifft, so steht es folgendermaßen. Zwischen 1300 und 1500 hatte ein von Zeit zu Zeit immer wieder notwendiger Kampf für seine Freiheit das Alpenvolk zum Söldnervolk Europas gemacht. Sie hatten immer wieder in ihren alten, engen Gemeinschaften, den Kantonen oder – schweizerisch gesprochen – den «Orten», für eine Sache aufkommen müssen, die schließlich diejenige aller war. Diese beiden Jahrhunderte hatten in ein ausgesprochen militärisches Zeitalter ausgemündet, das nach 1515 beinah plötzlich zu Ende ging mit der Erhaltung ihrer Freiheit und einer Sicherung des Friedens für die Zukunft. Ihr militärischer Charakter galt eigentlich nur für diejenige Klasse, die durch Armut zum Kriegsberuf gezwungen war. Arm an Möglichkeiten des Handels und des Geschäfts und nicht in der Lage, ihren Boden selbst zu erweitern wie Holland, besaß die Schweiz für ihren Bevölkerungsüberschuß keinen andern Ausweg als den Kriegsdienst im Solde fremder Armeen. Diese unreine Quelle des Wohlstandes war ein Mittel der Macht und des Gewinns lediglich für eine enge Aristokratie, die innerhalb jedes einzelnen Kantons in alte, kleine Verhältnisse eingeschlossen blieb. Die besitzende Klasse war nicht viel militärischer, als sie anderswo war; Bauern, Geistliche und städtische Magistraten bildeten zusammen den nationalen Typus.

Wenn also sogar die Eidgenossenschaft keinen eigentlichen Militarismus gezeitigt hat, sondern höchstens eine allgemeine Vertrautheit und Übung in militärischen Dingen, mit der unsre Schützengesellschaften sich gewiß nicht messen konnten, wie hätte denn der Achtzigjährige Krieg hierzulande einen militärischen Volksgeist züchten sollen? – Sogar in den Jahren von 1568 bis 1597, als der Krieg immer wieder aufflammte und zeitweise wieder einschlief, waren es nur zur großen Ausnahme die eigenen Söhne des Landes gewesen, die die Waffen geführt hatten. Der Niederländer hatte mehr gelitten als gestritten; das Kriegshandwerk war die Sache der meistenteils aus Fremden rekrutierten Regimenter: meist Deutscher und Wallonen. So ist es auch geblieben in der späteren Periode des Kriegs, als Frederik Hendrik Jahr um Jahr zu Felde zog. Das niederländische Landvolk hatte keinen Anlaß, das schweizerische Vorbild zu befolgen: das Land war größtenteils fruchtbar; der Handel und die Industrie, die Arbeit im Polder, die Schiffahrt und der Fischfang verlangten immer neue Kräfte; kurzum, es gab Gelegenheit genug, die Volkskraft andern Dingen zu widmen als dem Kriegshandwerk, das damals kaum irgendwo zu den ehrlichen Berufen zählte. Man soll einem Volk nicht den Mut absprechen, wenn es die andauernden Gefahren des Seelebens den von Zeit zu Zeit sich erneuernden des Soldatenlebens vorgezogen hat.

Es hat also nichts Auffallendes, wenn in den Armeen der jungen Republik das fremde Element von Anfang an stark in den Vordergrund getreten ist. Der Landadel, vornehmlich die katholisch gebliebenen Geschlechter, ließen ihre Söhne gerne die militärische Laufbahn wählen, aber auch in den Offiziersrängen war die Zahl der Fremden doch stets eine beträchtliche: Deutsche, Franzosen, Schweizer, Engländer und Schotten, meist adligen Gebüts. Mehr als ein fremdes Geschlecht ist auf diesem Weg in die niederländische Aristokratie aufgenommen worden. Mit der Seemacht stand es etwas anders. Gewiß fehlte auch im Seevolk das fremde Element, insbesondere das norwegische, nicht ganz; aber es war doch vorwiegend Volk aus dem eigenen Boden, das hier diente und das der Seemacht einen viel ausgesprochener nationalen Charakter verlieh, als ihn das Landheer je besessen hat. In den höheren Rängen zur See sind sehr wenige Ausländer nachzuweisen. Der Dienst zur See hat nicht allein stark nationbildend gewirkt, sondern auch sozial amalgamierend, wenn man es so nennen darf. Unsre Admiräle – wir wissen es seit unsern Schuljahren – sind aus allen Klassen der Bevölkerung hervorgegangen: Seemannskinder wie Piet Hein, Tromp und De Ruyter, die Evertsen, Sprosse des Adels wie Van Gendt, die drei Van Brakel, Wassenaer-Obdam. Ein gewisser demokratisierender Einfluß ist von dieser Gemeinschaft aller Bevölkerungsschichten, die sich auf der Flotte bildete, ohne Zweifel auf die niederländische Gesellschaft als Ganzes ausgegangen.

Die sehr unterschiedliche Bedeutung von Land- und Seekrieg für das Volksbewußtsein spiegelt sich auf eine sehr unmittelbare Weise wider in der bildenden Kunst. Von den berühmten Waffentaten zu Land sind kaum bedeutende malerische Darstellungen auf uns gekommen, weder von der Eroberung so vieler Städte noch von der Schlacht bei Nieuwport oder von andern Begegnungen im Felde. Nun liegt dies in mehr als einer Hinsicht in der Natur der Sache. Der intime Blick oder das feine Malerauge unsrer Künstler suchte bessere Themata als eine vollkommen unmalbare Belagerung oder das zu neun Zehnteln fingierte, wirre Gemälde einer Feldschlacht. Sogar im Reitergefecht gaben ein Wouverman oder ein Meulener doch eigentlich minder Schönes und minder *Wahres* als eines holländischen Malers würdig war. Und zu dem glorreichen Gedicht in Farben, das Velazquez in seinen *Lanzen* gegeben hat, reichte hier niemandes Talent. Kurz, die Feldschlacht «lag» unsern Malern ebenso wenig als unsern Feldobersten. Das soll nicht heißen, daß unsre Kunst sich nicht mit dem Soldaten beschäftigt hätte. Wir kennen sie alle, jene Soldatenbilder, aber es ist der Soldat als Raucher, als Trinker, als Freier, als Besucher, als Aufschneider, der dargestellt wird, halb argwöhnisch und von der Seite angesehen, mit dem Auge der Gesellschaft. All das gehört in die Genremalerei.

Nun stelle man dem gegenüber den Seekampf in unsrer Kunst. Von jedem Treffen zur See haben wir Gemälde ersten Ranges: van Vroom, De Vliegher, Willem van der Velde und wen man sonst noch nennen mag. Gewiß, auch dies sind stets Kompositionen; aber wieviel vom Besten an unserer Kunst ist darin niedergelegt, welche unbegrenzten Möglichkeiten der malerischen Wirkung, und mit wieviel Liebe ausgeführt! – Der Admiral brachte es hier nicht nur zu einer Anzahl von guten Conterfeys seiner Wesenszüge, gemalt und gestochen, sondern in mehr als einem Fall zu einem Bildnis aus Stein.

In den meisten Zeitaltern der Geschichte ist die soziale Sphäre des Militärischen eng verbunden gewesen mit dem Glanz eines

1. Jacob Ruisdael (1629-1682)
Blick auf Haarlem, von den Dünen bei Overveen aus
Den Haag, Mauritshuis

2. Jan van der Heyden (1637-1712)

Buttermarkt mit Rathausturm zu Delft, von dem Oude Delft aus gesehen
New York, Metropolitan Museum. Courtesy of the Metropolitan Museum of Art, New York C

3. Job Adriaenszoon Berckheyde (1630-1693)
Alte Gracht zu Haarlem
Den Haag, Mauritshuis

4. Jan van Goyen (1596-1656)
Blick auf das Haarlemmermeer
Frankfurt am Main, Städelsches Kunstinstitut

5. Willem van de Velde (1633-1707)
Kriegsschiffe in ruhigem Wasser (Das Y?)
Den Haag, Mauritshuis

6. Rembrandt van Rijn (1606-1669)
Uferlandschaft (Das Nieuwe Meer?)
Chatsworth, Sammlung Duke of Devonshire

7. Adriaen Pieterszoon van de Venne (1589-1662)
Treckschüte
(Illustration aus Houwelijck van Jacob Cats)

8. Jan van der Heyden (1637-1712)
Haus ten Bosch zu 's-Gravenhage
London, National Gallery

fürstlichen Hofs. Auch hierzulande konzentrierte sich, was es an militärischem Gesellschaftsleben gab, rund um den stadhouder- lichen Hof im Haag. Es muß noch auf lange Zeit hin ein nicht sehr glanzvolles Milieu gewesen sein, verglichen mit den Höfen in fremden Ländern. In wie äußerst bescheidenen, beinah dürftigen Verhältnissen Prinz Wilhelm gelebt hat, ist uns allen bekannt. Auch zur Zeit des Prinzen Maurits war der Hof erst zu einem geringen Maß von Überfluß und Pracht übergegangen. Erst nach dem Tod von Frederik-Hendrik, als seine Witwe das Haus ten Bosch bauen und durch Schüler von Rubens aus- schmücken ließ, sprach deutlich der Wille zu einem gewissen fürstlichen Aufwand, wie er ja tatsächlich nicht zuletzt durch die Heirat des jungen Prinzen gerechtfertigt war, der nun kraft Erb- rechts dem Vater in seinen Würden nachgefolgt war und eine Prinzessin von England geehelicht hatte. Es schien, als könnte hier ein neues Zentrum höfischer Kultur in barockem Stil auf- blühen. Genau besehen, fehlten hiezu indessen alle Vorbedin- gungen. Das Kulturleben der Republik gravitierte nun einmal nicht rund um den Hof des Stadhouders; gewiß weniger als je gerade gegen die Mitte des Jahrhunderts hin, als Amsterdam seine Grundfläche, Gracht um Gracht, erweiterte und sein neues Rathaus in Auftrag gab. Überdies nahm der Sturz Karls I. der königlich-englischen Verwandtschaft sowohl ihren praktisch- politischen Wert als auch etwas von ihrem Glanz. Oranien hatte sich, auch zur Zeit Frederik-Hendriks, noch keine königlichen Manieren angewöhnt; der Hofkreis lebte immer noch auf ziem- lich bescheidenem Fuß weiter; der bedeutendste Geist in diesem Kreis, Constantijn Huygens, hatte nichts von einem Höfling. Die unmittelbare Umgebung des Prinzen stand ein wenig abseits von der vollen und breiten Entfaltung der nationalen Kultur. Die Entfremdung zwischen dem Stadhouder und der städtischen

Aristokratie, insbesondere derjenigen von Amsterdam, die unter Frederik-Hendrik stets zugenommen hatte, bedeutete noch etwas mehr als ein bloßes Auseinandergehen von politischen Ansichten und Parteien. Frederik-Hendrik hatte in den letzten Jahren seiner Statthalterschaft einen Weg eingeschlagen, der ihn mehr und mehr entfernte von dem, was der Kern unsres nationalen Daseins war, den Weg nach einer dynastischen Fürstenpolitik, mit der dem Wohl des Landes oder wenigstens der nationalen Wohlfahrt nicht zum besten gedient war. Er und sein Sohn haben – es mag etwas hart klingen, wenn man an die unschätzbaren Verdienste Frederik-Hendriks um die militärische Sicherheit des Staates denkt – Niederland nicht begriffen.

Wenn somit das soziale und intellektuelle Leben seinen Schwerpunkt nicht in einem fürstlichen Hof fand, so besaß es ihn noch weniger in der Lebenssphäre eines hohen Adels, denn den gab es nicht. Es gab Burgen, die durchwegs noch wenig luxuriös oder auch nur wohnlich eingerichtet waren, – aber es gab keine Schlösser; und das Leben auf jenen Burgen war weder gesellschaftlich noch intellektuell besonders anregend oder geistig fruchtbar. Die Orte, an denen die Kultur ihre Herdstätte fand, waren die Kaufmannshäuser in den Städten und die Landhäuser überall in erreichbarer Stadtnähe, die, auch wenn sie oft Ritterhofstätten und noch durch Tor und Graben bewehrt waren, doch alle feudalen Züge längst verloren hatten; sie verkörperten den Typus des vergnügten Landlebens, das Vondel mit dem Klang von Amseln und Nachtigallen besungen hat. Wahrscheinlich nahm dabei das etwas rohe Ergötzen des Finkenschießens einen größeren Platz ein als reine Naturliebe; aber gewiß, auch diese sprach mit.

Amsterdam vor allem hatte seine «Forensen», die sich draußen aufhielten, aber nicht für einen Tag oder ein Wochenende, sondern für eine Saison. Denn so lebten sie eben, jene schmucken Herren, von denen bei weitem nicht alle so schrecklich vornehm mit Titeln und Herrschaften ausgestattet waren, wie man sie in seinem Vondel als Gastgeber und Besteller von Gedichten paradieren sehen kann. Zuweilen will es uns scheinen, als klebe an diesen Namen etwas von jenem unvergleichlichen farbenreichen Optimismus, der dem großen Joost eigen war, in einer edleren Potenz als irgend einem andern unter jenem so heiter und fest in seinen geistigen Schuhen stehenden Geschlecht des siebzehnten Jahrhunderts.

Amsterdam muß um 1648 an die 150 000 Einwohner gehabt haben und gehörte damit zu den größten Städten Europas. Dreimal hat es innert fünfzig Jahren seinen Umfang erweitert, indem es jenes Meisterstück eines wohlüberlegten Städtebaus schuf: die konzentrierten Grachten; dreimal erneuerte sich zu ihrer beider Seiten der Saum jener stattlichen Häuser, die reich und doch einfach waren und deren Ganzes nicht allein vom sozialökonomischen Standpunkt aus betrachtet, sondern auch als rein architektonische Leistung den Wert eines Versailles doch eigentlich weit hinter sich läßt. Wenn irgendwo die Atmosphäre des Jahrhunderts noch bis heute festgehalten bleibt, dann ist es an den Amsterdamer Grachten an einem Sonntagmorgen im Frühjahr oder im späten Licht eines Sommerabends.

Aber unser niederländisches Herz ruft neben dem majestätischen Bild der Stadt unter der Kaiserkrone sogleich auch nach demjenigen all der andern Städte, deren Lebensader Amsterdam nie abgebunden und die es nie zu kleinen Nachahmungen seiner eigenen Größe herabgemindert hat: blühende Städte alle zusammen, bis nach Hoorn und Enkhuizen hin, jede mit eigenem Typus und eigener Sphäre. Es wäre ein wehmütiges Geschäft, aufzuzählen, welche unter den niederländischen Städten am längsten den Zauber ihrer Vergangenheit vom siebzehnten Jahrhundert her bewahrt haben. Bis vor fünfzig oder sechzig Jahren eigentlich alle. Erst die Tramlinien, der Beton, der Asphalt und der Motorverkehr haben sie geschändet, wie auch die Kanäle ihren Glanz verloren haben mit dem Verschwinden der segelnden Tjalkschiffe. Man soll einen elegischen Seufzer über den Verlust von Stadt- und Landschaftsschönheit nicht als ein reaktionäres Gebrumm eines alten Mannes zur Seite schieben. Die jüngeren Geschlechter wissen nicht und können nicht wissen, was sie entbehren an Schönheit, die die Älteren noch vor kurzem gekannt und genossen haben.

Die glückliche Verteilung von Erwerb und Wohlfahrt über eine große Anzahl selbständiger Zentren hin erlaubte auch denjenigen Städten, die weit hinter Amsterdam zurückstanden, Haarlem, Rotterdam, auch Leiden, Dordrecht, Delft, Utrecht, Middelburg, jede auf ihre Art ein Kulturherd zu sein. Aus keiner andern Tatsache spricht dies so deutlich wie daraus, daß jede dieser zahlreichen Städte ihre Malerschule hervorgebracht hat. Zur Sicherung der Verschiedenheit in Bildung und Kunst hat zweifellos der bewußte politische Wetteifer der Städte nicht wenig beigetragen. Als stimmberechtigte Städte in der Staatenversammlung, somit als Teilhaber an der Souveränität, standen sie alle, mit Ausnahme einiger der allerkleinsten, im Prinzip auf *einer* Linie mit der mächtigen Schwesterstadt Amsterdam. Keine fühlte sich zu gering, um in ihren Emblemen das SPQR zu variieren und ihre Bürgermeister und Schöffen in Dichterversen als Senatoren verherrlicht zu sehen. Sie hatten alle ihre tüchtigen Lateinschulen; ein Stück Humanistengelehrsamkeit und Humanistengeschmack war überall zu Hause und hat die Städte sozusagen geistig emporgehoben, sie fähig gemacht, als fruchtbarer Boden für die Kultur der Zeit zu dienen, während die Blüte von Handel und Erwerb es ermöglichte, daß das geistige Gewächs auf diesem Boden ungestört gedeihen konnte.

Die Struktur der Bürgergesellschaft, die in den Städten die nationale Kultur trug und hervorbrachte, ist in ihren allgemeinen Zügen bekannt genug. Die städtische Verwaltung war, abgesehen von spärlichen Resten alter demokratischer Formen, oligarchisch. Die «Geschworne Versammlung» in Groningen, die «Guten Acht Leute» in Dordrecht, und was es an solchen Institutionen noch gab, waren zum großen Teil ehrwürdige Antiquitäten ohne tatsächliche Macht. Der Kreis von Familien, aus dem das regierende und rechtsprechende Personal der Kleinen und Großen Räte, der Schöffen und Bürgermeister gezogen wurde, war in der Regel nur durch Gewohnheit festgelegt und somit nirgends offiziell oder vollkommen geschlossen. Um 1600 kann dieser Kreis noch kaum ein echt aristokratischer heißen, geschweige denn eine Regentenklasse. Er war gegen die alte Bürgerschaft und sogar gegenüber den ansässigen Gewerbetreibenden nicht scharf abgegrenzt. Reichtum oder eine wohlbedachte Heirat öffnete wiederholt fremden Elementen den Zugang.

Zu Beginn des siebzehnten Jahrhunderts gaben sich diese Magistratenfamilien meist selbst noch mit dem Kaufhandel ab. Die Amsterdamer Herren wohnten noch in der «Nes» oder in der «Niezel»; ihre Häuser folgten noch dem Typus des steilen Treppengiebels, mit tiefen Kellern und geräumigem Estrich für die Kaufware. Früh beginnt indessen die Erwerbung von Amtsherrschaften und das Streben nach einem Rittergrad aus Frankreich, England, Dänemark oder vom Kaiser. Die jungen Leute studieren die Rechte in Leiden und machen nachher den «grand tour» durch Frankreich und Italien. Gleichzeitig hält das Geschäftsleben auf den Werften, in den Häfen, im Kontor und auf der Börse diese Patrizier noch in ständigem Verkehr mit dem Bürger und mit dem Handwerker. Sie sind noch bürgerlich genug, um die alten Tugenden von Einfachheit und Sparsamkeit in Ehren zu halten. Es besteht im buchstäblichen Sinn des Wortes noch kein Platz für den großen Bauherrn; aber nachdem nun die Grachten angelegt sind, baut sich gleich jeder sein wohlausgestattetes Herrenhaus in dem neuen, auf fremde Wurzel gepfropften Stil. Jeder bestellt oder sammelt Gemälde, jeder ist zu gegebener Zeit ein Beschützer der Dichtkunst. So formt sich allmählich diese städtische Oberschicht zu einer echten Bürgeraristokratie um, die eine kräftige, gesunde und vor allem sehr gleichmäßig verteilte Gruppe von Konsumenten der Kultur darstellt.

Unsre vaterländische Geschichtschreibung hat sich seit langem zur Gewohnheit gemacht, die Fehler dieser «Regentenklasse» sehr scharf zu beurteilen. Ihre Regierung sei korrupt gewesen, sagt man; sie habe langsam gearbeitet und nur den Vorteil der eigenen Klasse im Sinne gehabt. Man vergißt dabei gerne, daß das siebzehnte Jahrhundert nicht zu wählen gehabt hat zwischen Monarchie und Aristokratie einerseits und einer idealen Demokratie andrerseits, sondern lediglich zwischen Monarchie und Aristokratie und daß diese beiden Systeme überall mit den Fehlern beladen waren, die ihnen von der menschlichen Natur aus anhangen. Man kann ruhig behaupten, auch wenn man es nicht mit bestimmten Worten beweisen kann, daß sowohl die Käuflichkeit als die Unbeweglichkeit und Langsamkeit in den meisten andern Ländern schlimmere Übel darstellten als hierzulande, wo jedermann in gewissem Sinn die Nase in den Dingen stecken hatte. Die Aristokratie nahm hier eine gemäßigte Form an, und es wäre nicht leicht, in der Geschichte ein zweites Beispiel einer Aristokratie nachzuweisen, die ein Land so lang mit so wenig Gewalt und im allgemeinen mit einer so heilsamen Fürsorge regiert hat.

Wir sprachen eben vom Magistratenstand Hollands als einem Konsumenten der Kultur. Wie stand es mit den Produzenten? – Man könnte es wagen, im allgemeinen die Regel aufzustellen, daß eine Kultur um so gesunder sei, je mehr die Kreise geistiger Hervorbringung und diejenigen des Verbrauchs zusammenfallen, sofern sich nicht der gesamte Prozeß von Produktion und Konsumption im allzu engen Kreis einer geschlossenen Elite abspielt.

Es versteht sich von selbst, daß der Kreis der Kulturproduzenten nicht gleichbedeutend ist mit demjenigen der Intellektuellen. Wollte man den Begriff so verengern, so würde man ja nicht allein alles ausschließen, was Bauernkunst und Volksbrauch ist, sondern auf diese Weise würde unser höchster Ruhm aus ihm herausfallen, denn die Maler haben nur in beschränktem Maße zu den Gebildeten gehört. Faßt man den Begriff Kultur so weit auf, wie es sich gehört, dann hat am Produktionsprozeß sogar die analphabetische Masse teil, insbesondere die Bauern, möchte man gerne hinzufügen: mit ihrer Holzschnitzerei, mit ihrer primitiven Malerei und ihrer Dekorationskunst. Sieht man genau zu, so ist es gar nicht so sicher, ob von all diesen Formen nicht ein guter Teil aus den Händen des Kleinbürgers, des Fischers, des Seemanns kam. Will man eine Gruppe nennen, die weder produktiv noch rezeptiv stark in den Kulturprozeß einbezogen war, dann wäre es am ehesten der Landadel der östlichen Provinzen, der auf seinen abgelegenen Schlössern in seinen primitiven agrarischen Interessen lebte. Im Volk als Ganzem von seinen hohen zu seinen niedern Schichten starb allmählich die mittelalterliche Volkskultur von Sang und Tanz, Spiel und

Sprichwort zu einem guten Teil ab. Die geistige Diät eines über-
wiegenden Teils des Volkes beschränkte sich mehr und mehr fast
völlig auf die Predigt. Man ist zuweilen wohl allzu rasch mit dem
Schlusse bei der Hand, daß an dieser Verkümmerung der Volkskultur der Calvinismus schuld sei. Erstens hat an dieser Verdorrung und Verflachung des Lebensstils zu Gunsten der Frömmigkeit neben dem Calvinismus ohne Zweifel auch der Geist des
Täufertums eifrig mitgewirkt, und zweitens wäre es noch zu
untersuchen, ob die katholisch gebliebenen Gebiete wirklich
so viel mehr echte Volkskultur bewahrt haben als die andern.

Wie dem auch sei, das Feld, auf dem die nationale Kultur
unsres siebzehnten Jahrhunderts gewachsen ist, lag in der städtischen Gesellschaft. Innerhalb dieses Kreises nun war die Produktion der Güter des Geistes merkwürdig wenig an Stand oder
Wohlstand gebunden. In dem großen Werk des Formen-Schaf-
fens und Geist-Ausdrückens gingen die Patrizier mit den Ver-
tretern der studierten Berufe: den Rechtsgelehrten, den Ärzten,
den Prädikanten, beinah brüderlich zusammen. Selbst die tiefe
Kluft zwischen Reformiert und Katholisch schloß ein solches Zu-
sammenwirken im persönlichen Verkehr nicht aus; man denke
an die Freundschaft zwischen den Töchtern Roemer Visschers
und dem Kreis um Hooft.

Studiert oder nicht studiert deckte sich keineswegs mit dem
Gegensatz gebildet oder ungebildet. Über die gelehrten Berufe
hinaus nahm noch eine breite Schicht des handeltreibenden oder
erwerbstätigen Mittelstandes am Kulturprozeß aktiven Anteil.
Dieser Prozeß vollzog sich hier wie überall nicht zuletzt in gewissen Spielformen der Gemeinschaft. Zwei Formen des Zu-
sammenschlusses waren es hier vor allem, die noch aus dem
späteren Mittelalter stammten und die nun den Rahmen für die

Praxis der Kultur lieferten: die Schützengesellschaft und die Rhetorikerkammer. Das siebzehnte Jahrhundert ist in einer Anzahl von Ländern fruchtbar gewesen für das Aufkommen neuer Formen des geistigen Verkehrs. In Italien entstanden schon seit der Renaissance zu Dutzenden die Akademien im Sinn von literarischen und gelehrten Genossenschaften mit merkwürdigen Namen, von denen *Crusca* (die Kleie) und *Lincei* (die Lüchse) noch nicht die absonderlichsten sind. In Frankreich entsteht der literarische Salon, in England zuerst das Kaffeehaus und im Anschluß daran das Rückgrat des englischen Gesellschaftslebens, der Club. Hierzulande hielt man sich, auch in dieser Hinsicht konservativ, trotz Costers Akademie von 1617, in der Hauptsache an die beiden alten Formen von Geselligkeit und Kultur, an die Schützengesellschaft und die Rhetorikerkammer. Gerade diese konservative Neigung, keine alten Schuhe wegzuwerfen, hat es bewirkt, daß im sozialen Leben eine Kommunikation bestehen blieb zwischen dem aufkommenden Patriziat und der allgemeinen Bürgerschaft, auch wenn sie wirtschaftlich und politisch mehr und mehr auseinandergingen. Es blieb eine Art Homogeneïtät der Kultur bestehen, die auch auf das materielle Gebiet zurückwirkte und einer allzu scharfen Scheidung der Klassen entgegenwirkte. In der «Kammer» und in der «Doelen» pflegten der Kleinhändler und der Großkaufmann einander zu begegnen, und dort bekamen sie ihre literarische Bildung. Das intellektuelle Leben nahm in sehr geringem Maße die aristokratischen Züge an, mit denen die Magistratenkreise das öffentliche Leben und den Umgang mit ihresgleichen zu stempeln trachteten. Der Ton der Kultur blieb auch bei den Patriziern bürgerlich. Für diese Erhaltung eines gewissen sozialen Amalgams war es von großem Vorteil, daß das gesamte Kulturstreben sein Alpha und Omega in einem eifrigen Klassizismus fand. Die

klassische Bildung nun wußte nichts von jenen minimen Standes-
unterscheidungen zwischen achtbar, wacker und ehrenfest, wie
sie anderswo galten. Er besaß seine große Allüre kraft römischer
und griechischer Tradition und gestattete ihre Nachahmung
dem kleinen Mann ebensogut wie dem vornehmen Herrn. Als
Dichter waren alle einander Griechen und Römer.

Dies traf auch noch zu, nachdem seit den ersten Dezennien des
Jahrhunderts die Dichtkunst sich von den veralteten und ge-
zwungenen Formen der Rhetorikerkammer freigemacht hatte.
Der Kreis von Muiden stellt das schlagende Beispiel dar für eine
freie literarische Vereinigung modereren Typs, die im Schloß
des Drosts, der selbst erst Patrizier in der zweiten Generation
war, die mehr bürgerlichen Elemente freimütig aufnahm.

Es geschieht so leicht, daß man in unserm siebzehnten Jahrhundert die sozialen Grenzen zu scharf und zu streng sieht. Wer
sich vertieft, sei es in die Literatur, sei es in die bildende Kunst,
sei es in irgendeine andere Äußerung des Gemeinschaftslebens
jener Tage, wird – abgesehen von der strikt offiziellen Sphäre –
doch immer wieder den Eindruck bekommen, daß es trotz aller
Wichtigtuerei mit Stand und Abstand traulich und gemütlich,
d. h. «gezellig» zuging. Das Wort «gezellig» ist nicht umsonst
eins von den meistgebrauchten in unsrer Umgangssprache geworden. Wie gering war doch eigentlich der Abstand, sowohl
sozial und persönlich als intellektuell zwischen Leuten wie Vondel, Brederoo, Hooft, Cats und Huygens: zwei stammen aus dem
bürgerlichen Erwerbsleben, Leute des Mittelstands, würde man
heute sagen, und drei aus dem Reichtum und dem Magistrat.
Namentlich Huygens ist für den geringen Abstand und den vorwiegend bürgerlichen Ton innerhalb der Elite selbst charakteristisch. Dieser Inbegriff einer Lebenskunst, die zugleich geist-
reich und ernst, spielerisch und stark war, der große Constantin,

war Sekretär zweier Prinzen von Oranien; er war Diplomat, ein vielsprachiger Weltmann, ein hochgebildeter Kenner der Klassiker und der Modernen, ein feiner Musiker, ein tieffrommer Mensch, alles zusammen und noch viel mehr. Auch in seinem literarischen Werk bleibt er der echte Bürger Hollands, bei all seiner Polyglottie echt national, bei all seinem aristokratischen Rang und Stand völlig aus der Volksart heraus lebend. In seinen Satiren und in seinen Sinngedichten, in *Hofwyck* so gut wie in *Trijntje Cornelis*, führt er uns dauernd und unmittelbar unter das Volk, sogar in die niedrigsten Klassen. Seine ganze Lebenshaltung und Inspiration, mit ihrem behaglichen Sinn für die einfache und zugleich sinnreiche, vielleicht allzu sinnreiche Beschreibung, die doch immer gefühlvoll bleibt, mit seinem gemütlich moralisierenden und alltäglichen Humor, sie quellen viel unmittelbarer aus der Volksseele, als man es von einem Patrizier wie ihm erwarten würde. Seine innige Liebe zur Natur und zum Leben seines Landes, – gewiß eine noch umzäunte Natur, nicht diejenige der Romantik, – eine Liebe, die ihre Äußerungsform weder in der Pastorale noch im Idyll sucht, sondern frisch und gesund direkt aus dem Herzen spricht, macht wieder gut, was uns an Huygens als ein Übermaß des Intellektuellen und als ein Mißbrauch sinnreicher Einfälle nicht mehr ansprechen will. Wer unser siebzehntes Jahrhundert wirklich verstehen will, muß neben seinem Vondel, der ihn den Stil, die Glut und das Erhabene jener Zeit lehrt, seinen Huygens immer zur Hand haben. Huygens' dichterische Domäne ist ebensogut wie diejenige Vondels voll von klassischem und biblischem Décor; aber gerade weil er uns nicht wie Vondel so systematisch in eine Sphäre hoher Phantasie versetzt, läßt er uns näher bei dem echten alltäglichen Holland, das die Maler und Graphiker uns abgebildet haben.

Man weiß, daß unser siebzehntes Jahrhundert seiner Schätzung der eigenen Malerei verhältnismäßig wenig Ausdruck gegeben und, wo es dies tat, unsrer Meinung nach sich jeweils weder sehr zutreffend noch sehr schlagend ausgesprochen hat. Die soziale Würdigung galt viel eher den Dichtern als den Malern. Gerard Brom hat vor einigen Jahren diesen Gegensatz zwischen der gesellschaftlichen Stellung der Malerei und der Literatur noch einmal deutlich vor Augen geführt.[1] Wenn sogar ein Hooft und ein Huygens mit ihrem ganzen Geist innerhalb der echt bürgerlichen Lebensauffassung blieben, so sind die Maler weder gesellschaftlich noch als Künstler je aus der Sphäre des bürgerlichen Lebens herausgetreten. Sie waren in der Regel aus dem Kleinbürgertum hervorgegangen und ihr gesellschaftliches Ansehen stieg nur wenig darüber hinaus. Sie wurden keine Herren wie Rubens, van Dyck oder Velazquez. Sie waren so wenig vornehm, daß sie leicht in völlige oder halbe Vergessenheit geraten konnten wie Jan Vermeer von Delft oder Hercules Seghers. Sie waren illitterati und unsre ehrenfesten Regenten schrieben an sie, wenn es einmal geschah, mit einer gewissen gütigen Herablassung. Rembrandt allein hat sich zeitweise zu einer halb einsiedlerischen, halb bohêmeartigen Vornehmheit erhoben; aber auch diese hielt nicht stand, und er endete in einer Haltung, die nicht viel mehr als eine stolze Misère war, so wie seine letzten Selbstbildnisse sie spiegeln.

Die Moral aber von diesem sozialen Im-Schatten-Bleiben unsrer Malerei ist diese: hätte der Weg für den Maler von der Werkstatt, in der er lernte, über Jahre des Studiums in Italien zu einer gewissen Stellung in der Gesellschaft zwischen Kaufmann,

[1] Handelingen van het achttiende Nederlandse philologencongres (1939), S. 11–26.

Prädikant und Magistrat geführt, dann würden wir wahrscheinlich alle die Größten und das Eigenste an ihrer Kunst nicht zu sehen bekommen haben.

Die Tatsache, daß in unsrer Kunst des siebzehnten Jahrhunderts die Malerei und die Graphik ein so unverhältnismäßig starkes Übergewicht besessen haben, ist, sofern eine solche Tatsache überhaupt zu erklären ist, natürlich nicht von *einem* wohlumschriebenen Faktor her zu begreifen. Einen bedeutenden Anteil an diesem Umstand hatten ohne Zweifel die sehr besonderen Verhältnisse, in denen hier die Kultur gewachsen war. Beinah all diese Verhältnisse waren klein, bescheiden, mittelmäßig: sogar die Größe der Bodenfläche, die Abstände zwischen den Landgebieten und den Städten, der Unterschied zwischen den Ständen des Landes. Mit diesen bescheidenen Verhältnissen gepaart ging ein hoher Grad allgemein verbreiteten Wohlstandes, und ein lebendiges Bedürfnis nach Kultur und geistigem Ausdruck. Wer diese nicht im Werk des denkenden Gehirns, sondern in demjenigen der formenden Hand suchte, sah sich auf die Ausschmückung der glatten Fläche, d. h. auf Malerei und Graphik gleichsam angewiesen. Es gab hier wenig Platz für große Baukunst oder Bildhauerei, nicht so sehr weil der Stein gefehlt hätte oder weil der Boden zu weich und die Erbgüter zu klein gewesen wären, sondern weil es nicht genug große öffentliche oder private Auftraggeber oder Kunstmäzene gab. Für Paläste und großartige Skulptur braucht es Fürsten, Kardinäle, Grands Seigneurs, und die hatte man hier nicht.

Dieselben Umstände indessen öffneten der Malerei und den graphischen Künsten ein fruchtbares Feld. Freilich aber für eine Malerei, wie sie sich seit der Renaissance entwickelt hatte, weg vom Altarstück und von der Wandmalerei (welch letztere hier wegen des Klimas nie hätte blühen können), spezialisiert

61

auf das freie Gemälde zur Dekoration von Rathaus, Armenhaus oder eigener Wohnung. Eine Malerei mit dieser gesellschaftlichen Funktion setzt, abgesehen von der Lust am äußeren Wesen der Dinge und der Geschicklichkeit des Handwerks nicht viel mehr voraus als das Vorhandensein einer großen Anzahl von Kunstliebhabern, welche die Nachfrage bestimmt. Diese beiden Dinge, ein weit verbreiteter Wohlstand und eine andauernde breite Nachfrage nach Gemälden, waren in Niederland und namentlich in Holland gegeben wie in keinem andern Land. Die Auftraggeber sind durchaus nicht allein unter den sehr Reichen und Vornehmen zu suchen gewesen. Ein Blick auf die Gegenstände der Bildniskunst lehrt es bereits. Rembrandt und Frans Hals malten nicht allein ihre Bürgermeister und edlen Herren, sondern auch ihre Schreibschulmeister, Prädikanten, Schiffbauer, jüdischen Ärzte, ihre Kupferstecher und Goldschmiede. Man weiß aus der Studie Fruins,[1] wie Ausländer, die unser Land bereisten, verblüfft waren über die allgemeine Verbreitung der Produkte der Malerei. Man fand gute Gemälde zu Rotterdam auf den Jahrmärkten zu kaufen; man begegnete ihnen bis in die Bauernwohnungen. Die Häuser hingen voll davon. Kein Schuhflicker, sagt ein englischer Reisender, der nicht seine Gemäldchen besäße. Ein anderer meinte, daß man Gemälde kaufe als Geldanlage; es sei keine Seltenheit, sagte er, daß ein Bauer auf diese Weise ein paar tausend Pfund ausgebe. Dies scheint in Anbetracht der allgemeinen Gelegenheit zu sicherer Anlage vielleicht etwas übertrieben. In Amsterdam wurden bei einem Straßenaufruhr von 1696 einige Häuser geplündert. Als der Schaden taxiert wurde, empörte man sich im Gespräch darüber,

---

[1] De Nederlanders der zeventiende eeuw door Engelsen geschetst. Verspreide Geschriften IV, S. 245.

daß die mittelmäßigen Familienbildnisse des Bürgermeisters Boreel höher geschätzt worden waren als die hübsche Sammlung des Kapitäns Spaaroog, eines einfachen Seeoffiziers.

Es ist in gewissem Sinn eine beklagenswerte Erscheinung, daß gegenwärtig bei einem mehr kunstbeflissenen als wissensdurstigen Publikum das historische Bild irgend einer Epoche so oft mehr durch Eindrücke der bildenden Kunst als durch die Lektüre der Geschichtschreibung selbst beherrscht wird. Sogar die Literatur nimmt nur bei wenigen neben der bildenden Kunst einen ebenbürtigen Platz ein, und mit der Kenntnis des Politischen und des Sozialen ist es meistens traurig bestellt. In dieser Beziehung bleiben wir alle unzulänglich und wir können nichts dafür: die sichtbare Schönheit des Kunstwerks und die unsichtbare des Dichterwortes ziehen unsern Geist unwiderstehlich in ihren Bann. Wir werden auf Kunst und Literatur noch zurückkommen müssen; aber es wird Zeit, daß wir nun zunächst zwei andere Seiten der Kultur näher ins Auge fassen: Kirche und Religion, Studium und Wissenschaft.

III

Das kirchliche Leben einer christlichen Gemeinschaft wird stets vermöge seiner überweltlichen Bedeutung und dank dem Inhalt des Christentums die Tendenz haben, allzu scharfe Grenzen zwischen den sozialen Gruppen einigermaßen auszuwischen. Wir sprachen bereits davon, daß hierzulande diese Grenzen an sich weniger scharf waren als in fast allen übrigen Ländern. Doch war auch hier für eine solche Funktion der Kirche noch Platz und der Calvinismus hat, als er einmal die herrschende Autorität geworden war, auch wohl in dieser Richtung gewirkt, nicht so sehr aus bewußter Absicht als durch den Lauf der Verhältnisse. Der Gegensatz zwischen Patriziat und Bürgertum ist durch die Kirche mehr oder weniger überbrückt worden. Der Domine kam auf das Schloß so gut als in den Kramladen. Die Prädikanten bildeten eine wichtige und dabei sehr reizbare Macht. Sie gingen zum größten Teil aus den mittleren Schichten des Bürgertums hervor. Die Kirche Calvins brachte es von Natur mit sich, daß die Diener des Worts stets in höherem Maße Prediger als Hirten blieben. Und weil ihr Amt der Verkündigung des Glaubens so sehr im Vordergrund stand, weil ihre Aufgabe in erster Stelle die eines Ansprechens, Ermahnens und Überzeugens war, also eine intellektuelle Aufgabe des Gedankenformens und Aussprechens in Worten, führte das Amt sie von selbst zur Beurteilung und damit nur allzu leicht zur Verurteilung aller Dinge, die Obrigkeit und Gemeinschaft angingen. So wurden die Prädikanten der herrschenden Kirche die lauten Verkündiger von Ansichten, die man noch nicht im vollen Sinne des Wortes eine öffentliche Meinung nennen kann, die aber doch als geistige Macht etwas mehr als eine bloße Stimmung im Lande bedeuteten. Diese Ansichten hatten unvermeidlich eine demokratische Farbe. Hervorgegangen aus dem Volke, sprachen die Prädikanten das Wort Gottes mit der Stimme des Volkes. Diese Stimme klang aber keineswegs revolutionär. Das aristokratische System wurde dabei in keiner Beziehung angetastet, aber eine gewisse Warnung vor allzu selbstgefälliger Regierung von der sanften Höhe des Bürgermeisterkissens herab klang eben doch aus ihr. Aus der Kirche drang dauernd der Laut eines nicht-aristokratischen Volksbewußtseins ins Rathaus hinüber. Auch wenn die Kirche keine Stimme im Stadtrat und in der Staatenversammlung hatte, und wenn auch der Magistrat sie von Zeit zu Zeit zur Ordnung rief mit einem: «hola mijne heren Predikanten, das ist unsre Sache», so war sich doch die Obrigkeit wohl bewußt, daß sie mit den Meinungen und Stimmungen, die in der Predigt laut wurden, entschieden zu rechnen habe.

Es ist mit dem Verhältnis zwischen Kirche, Bürgertum und Aristokratie wieder wie mit allen andern Verhältnissen in diesem Lande: die Grenzen der Gruppen und Klassen waren keine scharfen. Die antiaristokratische Tendenz des kirchlichen Lebens stieß am Ende auf keine starken Widerstände bei einem Patriziat, das selbst sein Wissen und seine Bildung mehr vom Domine als von der Lateinschule bekommen hatte und das in Geist und Lebensart fest im Protestantisch-Kirchlichen verwurzelt blieb. Würdige Einfachheit blieb der Stempel der Lebensgewohnheiten auch der Angesehenen; der strenge Sinn und die Farbe des Lebens wurden frisch gehalten durch die dauernde Berührung mit der Kirche, Sonntag um Sonntag, und durch alles, was das Leben an den Einzelnen und die Familie heranbrachte. Die Kirche ihrerseits widersetzte sich, nachdem einmal der Kampf um die Rechtgläubigkeit ausgefochten war, keineswegs dem äußeren Prunken der Regenten mit ihrer Vornehmheit. Sie fand vielmehr ihr Ergötzen daran, an den Wappenschildern in den

Kirchen, den Grabschriften und Trauergedichten für die Herren mitzuwirken.

Der Ausländer, der sich mit unsrer Geschichte vertraut machen will, geht meistens von der Meinung aus, daß die Republik unbestritten ein calvinistischer Staat und ein calvinistisches Land gewesen sei. Wir Niederländer wissen es besser. Die «Niederdeutsche Reformierte Kirche», der holländische Zweig des Calvinismus, so wie ihn die Synode von Dordrecht dogmatisch festgelegt hatte, herrschte im Staat. Daraus folgt nicht, daß das Land, das Volk und seine Kultur im Ganzen den calvinistischen Stempel getragen hätten. Staatskirche im eigentlichen Sinn des Wortes, wie etwa der Anglikanismus in England, ist der reformierte Glaube nicht gewesen. Er war das vorherrschende Bekenntnis im Staat, von diesem begünstigt und sogar mit einem öffentlichen Monopol ausgestattet, ja, wenn man will, die Kirche *des* Staates, aber Staatskirche im strengen Sinn des Wortes nicht. In den staatlichen Institutionen der Republik lag ihre Stellung nicht verankert. Ihr staatliches Monopol in Bezug auf die Ämter und Anstellungen war eine Sache der Praxis des politischen Lebens, stillschweigend von allen wenn nicht anerkannt, so doch respektiert, während auf der andern Seite die Forderung, daß einzig ihr Bekenntnis zugelassen werden sollte, nicht einmal theoretisch aufgestellt wurde.

Es ist uns allen wohl bekannt, daß die ansehnliche Mehrheit der Reformierten unter der Bevölkerung der Republik erst das Ergebnis eines langdauernden Geschichtsverlaufs gewesen ist. In den ersten Jahren des Aufstandes sind es kräftige, entschlossene calvinistische Minderheiten gewesen, die in den Städten von Holland, Seeland und Utrecht die Leitung der Dinge in die Hand nahmen. Gerieten sie in den Widerstand gegen Spanien,

weil die Lehre Calvins es ihnen gebot oder folgten sie Calvin,
weil sie die Bedrückung nicht ertrugen? Wie dem auch sei, sie
sind es gewesen, die der Gefahr getrotzt, den Mut behalten und
das Volk zum Ausharren bewogen haben, und ihnen ist der Sieg,
sofern es ein Sieg der Waffen und der Geisteskraft war, zu verdanken gewesen. Aber inwiefern war er dies, und von welchem
Zeitpunkt an darf man von Sieg sprechen? Hier steigen all die
Erinnerungen auf, die den Kern unsrer Geschichte ausmachen:
die mühsame unverdrossene Diplomatie des Prinzen Wilhelm,
sein unerschütterliches Durchhalten all der Aussichtslosigkeit
und dem Mangel an Mitteln gegenüber, bis zum Tod; die fast
unerträglichen Fehlschläge, wie das Mißlingen der Pazifikation
und des Experimentes Anjou, der Verlust Antwerpens, die Entwicklung der Union und die Mißregierung Leicesters. Sieg? So
darf die Sache des Aufstandes nicht früher bezeichnet werden als
in der Wende von 1594–1600.

Als dann die Republik frei – nur nicht dem Namen nach – und
gesichert – sofern das Glück nicht umschlug – ihrer unerhörten
Blüte entgegenging, waren die konfessionellen Verhältnisse noch
ungleichmäßig genug. Von einer systematischen Ausbreitung des
Calvinismus war eigentlich nie die Rede gewesen. Er gewann die
Mehrheit in dem Maße, als die Provinzen die Freiheit gewannen.
Einzig Drente ist, ohne daß die alte Kirche noch Zeichen des
Lebens oder des Widerstandes gegeben hätte, mehr oder weniger
systematisch zum reformierten Glauben gebracht worden. In
allen übrigen Provinzen hat sich der kirchliche Zustand frühzeitig kristallisiert, nur daß in der reformierten Kirche selbst der
Gegensatz der Nachgiebigen und der Intransigenten immer
drohender auf einen Bruch hin drängte. Der Geist des Erasmus
hatte hier zu tief Wurzel gefaßt und zu breite Schichten durch-
drungen, als daß die Lehre Calvins leicht hätte triumphieren

können. Bis nach 1600 hat man es in Glaubenssachen mit manchem ernsten Mann zu tun, besonders unter den Gebildeten, der im Grund seines Herzens noch nicht zwischen der alten und der neuen Kirche die Wahl zu treffen vermocht hatte. Überall, in den Städten und auf dem Land, waren ansehnliche Minderheiten katholisch geblieben, sogar bis in das stark reformierte Seeland hinein. Es bleibt ein bemerkenswerter Beleg für den geringen Bekehrungseifer der Reformierten, daß ausgerechnet um die Brennpunkte des Freiheitskampfes herum, um Alkmaar und um Leiden, die Dörfer überwiegend katholisch geblieben sind. Auch der Landadel in den östlichen Provinzen blieb zu einem guten Teil dem alten Glauben treu. Als dann kurz nacheinander Staats-Flandern und fast das ganze gegenwärtige Nordbrabant, außerdem Maastricht und das Land von Over-Maze der Republik angeschlossen wurde, da stieg die Zahl der katholischen Bevölkerung noch auf mindestens das Doppelte, ohne daß jedoch diese Zunahme einen damit entsprechend erhöhten Einfluß auf den Staat bedeutet hätte, denn die Bewohner der Generalitätslande blieben von jedem politischen Mitspracherecht ausgeschlossen und hatten weder am wirtschaftlichen noch am geistigen Leben der Sieben Provinzen irgendeinen bedeutenden Anteil. Der Typus des Staates und des Volkes blieb protestantisch, aber nicht ausschließlich calvinistisch, denn von Anfang an hatte die Reformierte Kirche das protestantische Gebiet zu teilen mit den wenig zahlreichen Lutheranern und den sehr zahlreichen Täufern, binnen kurzem auch mit den Remonstranten. Das bleibende Zeugnis dafür, daß das Luthertum hierzulande immerhin ein Faktor gewesen ist, stellt die runde lutherische Kirche auf dem Singel zu Amsterdam dar, ein sehr merkwürdiges Beispiel jener protestantischen Kirchenarchitektur, auf die wir anderswo zurückkommen werden.

Was das Remonstrantentum für unsre Kultur bedeutet habe, ist eine Frage, die so sehr mit unsrer Staatsgeschichte selbst verwoben ist, daß es hier genügen mag, daran zu erinnern, daß in der remonstrantischen Kirchenordnung der alte erasmianische Geist und der Spiritualismus aus Coornheerts Tagen ihre feste Sicherung gefunden haben.

Überall greifbar deutlich und doch schwer genauer zu bestimmen ist der Faktor des Täufertums in der niederländischen Kultur. Das Volk Mennos war die älteste reformierte Gruppe, die als ein deutlich erkennbarer Volksteil ins Licht trat, auch wenn er weder ein Bekenntnis noch eine scharf umrissene Organisation besaß. Schon in der Zeit der Verfolgung erkannte die Obrigkeit sie nur allzu gut; das ganze sechzehnte Jahrhundert hindurch roch ständig und überall jeder Fahrweg nach dem gefürchteten und verabscheuten Anabaptismus. Sie hatten den Stoff für die Scheiterhaufen geliefert, einfältige kleine Bürger oder Bauern wie Dirk Willemszoon aus Asperen, jener echte Glaubenszeuge, der seinen Verfolger aus dem Eis gerettet hatte und darauf trotzdem von dem Mann verhaftet worden war, weil der Ammann drohend in der Nähe stand, so daß man alsbald Dirk Willemszoon im Feuer, das des Windes halber nicht recht fassen wollte, «schreien hören konnte wie ein Ferkel». – Wie ist es gekommen, daß diese Glut des Glaubenseifers, die zuerst in Exzessen aufgeflammt war in Amsterdam und in Münster, hier so rasch besänftigt wurde zu jener breiten stillen Frömmigkeit, die, eher nüchtern als schwärmerisch, in den nördlichen Provinzen, in Haarlem und Amsterdam, aus den zahlreichen Mennoniten die ruhigsten von allen Bürgern machte? Man ließ ihnen die Freiheit ihrer religiösen Bedenken gegen Eid, Amt und Waffen; man sah sie von der großen Kirche her ein wenig über die Schulter an; man spottete etwas über den Ultrapuritanismus ihrer Tracht und ihrer Sitten, wie etwa in dem Schwank von *Jan Klaeszoon*, und gönnte ihnen die Früchte ihres Fleißes in ihren «Menniste-Häusern», die von vorn schmal und mit hübschen Gärten versehen waren. Für den Staat waren sie fortan gleichsam ein glückliches Volk ohne Geschichte, auch wenn sie untereinander zu zanken verstanden, so gut wie die andern.

Die Juden in der Republik und in der niederländischen Kultur bilden ein völlig einzigartiges Kapitel in der Geschichte der Welt. In Holland wiederholte sich, was einst in Spanien und Portugal aufgekommen und wieder vernichtet worden war: eine Judengemeinschaft, ein als friedlich geduldetes und bis zu einem gewissen Grad geachtetes Volkselement, die Portugiesische Kirche von Amsterdam, das Milieu, in dem Rembrandt Inspiration, Themen und Freunde fand, und aus dem Spinoza hervorgegangen ist. Gewiß, die vielen aus Deutschland einströmenden Juden, die sich zum Teil in den östlichen Provinzen verbreiteten, zum Teil in Amsterdam zusammenhockten, teilten weder in der Kultur noch im Wohlstand noch in der relativen Achtung die Stellung ihrer portugiesischen Volksgenossen. Sie galten bei Volk und Obrigkeit als betrügerisch und oft als verbrecherisch; sie litten mit unter der unsäglichen Schmähung Israels, aber mit Maß. Man verfolgte sie nicht und man schloß sie nicht ab vom übrigen Volk.

Der calvinistische Charakter der führenden Gruppe in der jungen Republik ist, wie jedermann weiß, aufs kräftigste verstärkt worden durch den Zustrom von Emigranten aus den Gebieten, in denen die spanische Autorität wieder festen Fuß gefaßt hatte und nun jede Spur von Ketzerei vertilgte. Von 1567 an, aber vor allem nach dem Fall von Antwerpen 1585, kamen sie herüber, aus Flandern, aus Brabant, aus Hennegau und Artois, teils Franzosen, teils Vlamen der Sprache nach. Es lag in der Natur der Dinge, daß es nicht die Schwächsten waren, die das Exil in einem noch gar nicht sehr sicheren abgelegenen Gebiet – denn so mußten Holland, Seeland, Utrecht ihnen erscheinen – dem eigenen Boden unter Spanien und Rom vorzogen. Indem sie sich im neuen Land nicht durch die zahlreichen traditionellen Bande gehemmt fühlten, die jemanden in seinem eigenen Land konservativ machen, bildeten sie hier von Natur das radikale Element in politischen Dingen, wie man es in Leicesters Tagen erlebte. Sie hatten alles zu gewinnen und nichts mehr zu verlieren. Sie haben viel gewonnen, an erster Stelle ihren Reichtum, im Handel. Als einstige Verfolgte waren sie schroff in Glaubenssachen, sehr unternehmend im Geschäft, bis zur Tollkühnheit, und sie haben dem Contra-Remonstrantentum der Zeit kurz nach 1600 manche Kräfte geschenkt.

Es ist nicht nötig, hier die kirchlichen Streitigkeiten und den politischen Konflikt der Zeit des Waffenstillstands ausführlich zu beschreiben. Es kommt nur darauf an, innerhalb der kurzen Skizze, die wir hier entwerfen, ihre Bedeutung für die Kultur im Vorbeigehen richtig einzufügen.

Von diesem Gesichtspunkt her gesehen, scheint uns der Sieg von 1618 kaum ein Sieg heißen zu dürfen. Denn so rechtgläubig und gut kirchlich die reformierte Mehrheit auch seit der Krise geworden war, man kann doch nicht sagen, daß Leben und Kultur der Niederlande im siebzehnten Jahrhundert, in ihrem ganzen Umfang betrachtet, seither den Dordrechter Stempel getragen hätten. Wie rasch sind die Remonstranten rehabilitiert worden! In demselben Jahr, in dem Hugo Grotius durch eine gewisse Ungeschicklichkeit seine dauernde Rückkehr aus der Verbannung verfehlte, eröffnete Amsterdam sein Athenaeum illustre mit dem *Mercator sapiens* des Barlaeus, des Mannes, dem das Jahr 1618 seine Ämter an der Leidener Universität gekostet hatte, eines Freundes sowohl Hoofts wie Huygens' und in mancher Hinsicht eines der vollkommensten Vertreter der Kultur, die hier geschildert wird.

Als dann bald nach 1618 der Calvinismus nicht mehr streitbar aufzutreten brauchte, weil er Meister war, ergab es sich von selbst, daß er aufhörte, die lebendige Triebkraft zu sein, die er gewesen war. Der Geist von Voetius mochte dominieren in Utrecht, das seinerseits seine alte Stadtschule in eine Universität umwandelte; in Holland tat er es nicht. Binnen kurzem kam mit der Philosophie von Descartes eine Kraft auf, die, ohne den formulierten Glauben zu entwurzeln, ihn doch, in der Gestalt der Meinungen des Coccejus, unterminierte.

Der Ton des Lebens, wie er aus der Kunst und aus der Wissenschaft, aus Sitten und Gewohnheiten, aus Neigungen und Vergnügungen, aus Geschäft und Politik spricht, ist in diesem Jahrhundert nie völlig puritanisch geworden. Hier liegt ein offensichtlicher Unterschied jenem andern Land gegenüber vor, in dem der Calvinismus unbestritten herrschte: Schottland. Die schottischen Presbyterianer waren in viel stärkerem Maße als das niederländische Volk verkirchlicht. Allen Anflügen von protestantischem Rigorismus zum Trotz blieb der Grundton des niederländischen Lebens viel eher der Klang des Erasmus als derjenige des Reformators von Genf. Die Verbindung von Frömmigkeit mit dem Sinn für Wissen und Bildung, die im Geist des großen Rotterdamers die Grundlage gewesen war, hatte hier bereits Wurzel geschlagen, noch bevor Calvin, im Todesjahr des Erasmus, sein granitenes Wort sprach. Der Humanismus ist hierzulande in einer eigenen nördlichen Form, die sowohl von der italienischen als von der französischen, als auch von der deutschen in charakteristischer Weise abwich, immer der Nährboden der Kultur geblieben.[1]

Zum politischen Aspekt der Krisis in der Zeit des Waffenstillstandes hier nur ein einziges Wort. Sobald im Jahr 1609 die Sicherheit des Staates für zwölf Jahre gewährleistet war und die Waffen nun ruhen sollten, war ein ungehinderter Fortgang des Systems, das in der Partei Oldenbarneveldts verkörpert war, zweifellos zu einer Gefahr geworden. Strikte provinziale Souveränität, unbestrittene Herrschaft des städtischen Patriziats, Öffnung der Kirche für die freieren und breiteren Strömungen, die in der Lehre des Arminius und im unvergleichlichen Geist des Grotius zur Geltung kamen, – all dies schien die Kirche, so wie sie Gomarus und die Seinen hochhalten wollten, mit dem Untergang zu bedrohen. Im Hintergrund stand als schweigender Anhang der holländischen Partei alles, was täuferisch oder spiritualistisch dachte. Und wenn man nun den Dingen ihren Lauf ließ, wenn man nach dem Sinn des französischen Gesandten Jeannin handelte und konfessionell das Land fernerhin sich frei entwickeln ließ? Dann würde der Erfolg zweifellos den Katholiken zufallen. Eine gewisse Notwendigkeit, sowohl in das kirchliche wie in das politische System einzugreifen, war für die Gegenpartei unverkennbar gegeben.

Wir wissen, wie es gegangen ist: die rein politisch inspirierte Parteinahme des Prinzen Maurits von seinem Soldatenstand-

---

[1] Ich darf hier beiläufig anmerken, daß ich das Wort Humanismus nur zur Bezeichnung jener geistigen Erscheinung zu verwenden pflege, die gegen das Ende des Mittelalters aufkommt und in der ersten Hälfte des sechzehnten Jahrhunderts zu vollem Wachstum gelangt. Den zerfahrenen heutigen Sprachgebrauch, der mit «Humanist» und «Humanismus» unbesorgt als mit Namen und Schimpfnamen für allerlei moderne Geisteshaltungen hantiert, habe ich nie mitgemacht.

punkt aus; der kurze, so gut wie unblutige Konflikt, die Verjagung der remonstrantischen Stadtregierungen, die Übertragung der kirchlichen Angelegenheiten an die nationale Synode, deren Standpunkt zum vornherein feststand, und die Besudelung des Sieges mit all der Parteilichkeit, die man an den Gegnern getadelt hatte: all dies führte zu des Landes Trauerspiel im Binnenhof.

So setzte sich der von der arminianischen Ketzerei gereinigte Calvinismus in seiner Position fest als eine Kirche des Staates, die doch nicht Staatskirche war. Die öffentlichen Ämter waren künftig nur denen vorbehalten, die den Formeln von Dordrecht zustimmten, jedoch ohne daß diese Regel in der Verfassung selbst als ein Eid oder «Test» festgelegt worden wäre. Schon wieder dieses Vermeiden des allzu scharf Umrissenen, das so typisch ist für das Wesen dieses Staates! Das System, das die kirchlichen Verhältnisse bestimmte, kann weder vollständige Religionsfreiheit noch prinzipielle Toleranz genannt werden. Es war eine Praxis, die – indem sie ein Auge zudrückte und ab und zu ein bißchen Bestechung annahm – das Los der Glaubensgemeinschaften, die außerhalb der offiziellen Kirche standen, sehr erträglich machte. Der katholische Gottesdienst galt formell als verboten, aber jedermann wußte die «Schuilkerken» zu finden. Sogar die Ausschließung von den Ämtern ließ Ausnahmen zu, indem in einzelnen Provinzen adlige katholische Richter noch sehr wohl zugelassen blieben, während im Heer der katholische Adel sogar eine beträchtliche Stellung einnahm. Die protestantischen Dissenter, Täufer und Lutheraner haben kaum unter der Ausschließung gelitten, denn sie begehrten keine Ämter, so wenig wie die Juden.

Man könnte somit den konfessionellen Zustand des Landes mit einigem Recht einen permanenten Status quo nennen, ausgehend von den Verhältnissen im Jahr 1618. Man hatte in der Hauptsache die Dinge genommen und gelassen, wie sie waren. Die zentrale Autorität war im kritischen Augenblick im Stande gewesen, den Konflikt in *einem* bestimmten Sinn zu beendigen. Sie war aber in der Folgezeit nie stark genug, noch auch ernstlich gewillt, weiteren Zwang auszuüben oder eifrig zu bekehren. Es war in mancher Hinsicht das Fehlen einer starken zentralen Macht, die der Republik die Erhaltung eines kirchlichen Zustandes ermöglichte, der den Schwachen zu Gute kam.

Wir sagten es bereits: 1618 mochte kirchlich einen Sieg bedeuten, politisch brachte es nicht viel mehr als eine leichte Verschiebung und vom Gesichtspunkt der Kultur her betrachtet, bedeutete es kaum mehr als einen Kompromiß zwischen zwei Lebensrichtungen. Der Personenwechsel in den Regierungskollegien hat das Regierungs*system* nicht verändert und den Bildungsinhalt der führenden Klasse ebensowenig. Diese Schicht achtete künftig etwas strenger auf die kirchliche Form, gab damit aber weder ihre Auffassung der Freiheit im Staat, noch die erasmianische Grundlage ihres Persönlichkeitsideals preis. Puritanisch im englisch-schottischen Sinn wurde sie nicht. Die niederländische Kultur des siebzehnten Jahrhunderts bringt weder den Roundhead- noch den Kavalierstypus hervor. Die gesamte Entwicklung war hier anders gewesen als in England und die Grundlagen selbst waren andere.

In England stehen schon um 1600 zwei Formen der Kultur scharf einander gegenüber. Auf der einen Seite stand das puritanische Ideal strengen und nüchternen Lebens in völlig biblischem Stil und alttestamentlichem Geist im Denken, Sprechen und Benehmen, durchtränkt vom Schriftwort, gleichgültig ob man in der Staatskirche blieb oder sich als Presbyterianer, Kongregationalist oder Brownist sich von ihr getrennt hatte. Ihm

gegenüber stand ein Bildungstyp, in dem alles zusammengeflossen war, was für England Renaissance und Humanismus bedeutet hatten. Hier war eine zahlreiche aristokratische Klasse,
von der Gentry hinauf bis zum höchsten Adel, welche die durch
die Renaissance verjüngten Ideen von Ritterschaft und höfischer
Kultur in praktisches Dasein umzusetzen trachtete durch ein
Leben der Abenteuer, in dem aktiver Kriegsdienst, kühne See-
reisen, Jagd und Poesie einander ablösten und ergänzten. Die
Persönlichkeit, die aus dieser Sphäre emporwuchs, braucht nicht
ein bloßer Weltmann, Höfling und Bel-esprit zu sein. Auch hier
ist Platz für Frömmigkeit und Lebensernst, wofür der früheste
aller Kavaliere zeugt, der Philipp Sidney war. Obwohl er natürlich in der Staatskirche stand, war Sidneys Geist rein calvinistisch gestimmt. In dieser Hinsicht stellt er eine Ausnahme dar.
Die meisten Vertreter dieser Lebensform fanden gerade wegen
der Verbindungen, die zwischen Anglikanismus und Katholizismus bestanden, in der Staatskirche ihre angemessene Religions-
form. Die aristokratische Struktur, die stark nationale Tradition,
die gelehrte, konservative Theologie, alles stimmte wundervoll
zusammen mit dem Geist von Renaissance und Humanismus,
aus dem der englische Gentleman lebte.

In England stoßen während eines halben Jahrhunderts diese
beiden Bildungsformen hart aufeinander. Der Puritanismus
scheint mit dem Ausgang des Bürgerkrieges gewonnenes Feld zu
haben; aber er erweist sich trotz einer Führergestalt von Cromwells Statur unfähig, das Land zu regieren, noch dem Geist des
Volkes dauernden Ausdruck zu geben. Die Restauration bedeutet indessen nicht eine Reaktion, nicht eine Rückkehr zu
dem unzeitgemäß gewordenen Kavalierstypus. Sie bedeutet
einstweilen Sittenzerfall und Verwilderung; ein schamloser
Atheismus reckt in den höheren Kreisen den Kopf, und Karl II.

ist nicht der Mann, um die Flut der Ungerechtigkeit, die sich auf allen Gebieten Bahn bricht, abzuwenden. Aber die kräftige Gesundheit des englischen Volkes gewinnt die Oberhand und aus der Vermengung der früheren Strömungen erwächst das moderne England.

Wie ganz anders verläuft der kurze Kampf um die Bildung in Holland! Zwischen den streitenden Gruppen ist weder der soziale Unterschied noch der kulturelle Kontrast ein sehr großer. Die Contraremonstranten darf man nicht ganz den Puritanern gleichsetzen. Noch weniger gleicht ihre Gegenpartei den Kavalieren. Wohl bestehen Berührungspunkte zwischen den Remonstranten und dem Anglikanismus. Nicht zufällig übernahmen die englischen Puritaner den Namen Arminianer aus Holland, um ihre Feinde, die hochkirchlich Gesinnten, damit zu schmähen. Hugo Grotius und William Laud haben sich als Geistesverwandte gefühlt. Aber die holländischen Patrizier gleichen, auch wenn sie herrschaftliche Besitzungen und fremde Ritterorden besitzen, wenig den englischen Aristokraten; das höfische und das militärische Auftreten fehlt ihnen. Die Gegensätze sind infolgedessen hierzulande geringer, die Streitfragen beschränkter; der Konflikt dauert nur kurz, und der rasch erreichte Entscheid berührt die Grundlagen des Staates nicht. Die Regierungsmaschine läuft ruhig weiter. Es erfolgte keine starke Reaktion. Eine gewisse Amalgamierung der schon an sich weniger verschiedenen Lebens- und Geistestypen der «Dehnbaren» und der «Präzisen» vollzog sich fast unmerklich. Man kann ruhig sagen, daß die holländische Kultur des siebzehnten Jahrhunderts in seinem zweiten und dritten Viertel ein progressiveres Stadium darstelle als die gleichzeitigen Phasen in England. Gegensätze, die dort immer noch das nationale Leben spalteten und die

Stabilität der Kultur erschütterten, hatten hier bereits einigermaßen harmonische Lösungen gefunden.

Kommen wir von dieser Abschweifung auf die Frage zurück, die im Vorigen noch offen blieb: inwiefern hat der niederländischen Kulturblüte der Calvinismus die Kraft des Wachstums geschenkt? – Ist er mehr gewesen als das Salz und der Sauerteig des religiösen Lebens? – Ist er auch die Voraussetzung gewesen für die intellektuelle und soziale Entfaltung dieses jungen Volkes? Hat er Hollands Geist geformt, seine Kunst befruchtet? – Wer auf diese Fragen eine ernsthafte Antwort zu geben sucht, wird sogleich entdecken, daß er mit völlig unmeßbaren Größen arbeitet. Fest steht dies: im Aufbau und in der Erhaltung des Staates haben Glaubenskraft, Mut, Vertrauen, Standhaftigkeit des Calvinismus einen unschätzbar großen Anteil gehabt. Er hat die Geister gestählt, gehärtet, auch zuweilen verhärtet, und die handelnden Personen wie einen Jan Pieterszoon Coen zu ihren fruchtbaren Taten geschickt gemacht. Er hat sich als verpflichtende Form über alle gelegt, die dem Staate dienten und von ihm mit Autorität bekleidet wurden. Heißt dies, daß der Geist des Calvinismus unsre Kultur in all ihren Äußerungen durchsetzt hat? – Eine Probe hierauf bietet die Geschichte von Hochschule und Wissenschaft. Ende 1574, als eben erst seit einigen Monaten durch den Entsatz von Leiden die allerbeklemmendste Gefahr vorläufig abgewendet war, als noch niemand von einem selbständigen Staat, sondern höchstens von einem befriedigenden Kompromiß mit dem König von Spanien zu träumen wagte, stiftet der Prinz, im Einvernehmen mit den Ständen, für Holland und Seeland die Universität Leiden. In den Gründungsurkunden, vom Brief des Prinzen an die Stände vom 28. Dezember 1574 bis zum Erlaß der Statuten, klingt der

Ton der Freiheit und der Einheit sicherlich ebenso stark wie derjenige der «rechten Erkenntnis Gottes». «Ein festes Blockhaus und Bollwerk gesamter Lande und damit auch ein unzerbrechliches Band ihrer Einheit, nicht allein unter sich, sondern auch mit allen anstoßenden Provinzen.» Von Anfang an geht die Sorge nicht allein nach den «scientien der godtheyt» sondern auch nach «allerlei guten, ehrlichen und freien Künsten und Wissenschaften»; die Schule solle dienen «zu einer festen Stütze und zum Halt der Freiheit und guter, gesetzlicher Regierung des Landes nicht allein in Sachen der Religion, sondern auch in denjenigen, die den gemeinen bürgerlichen Verband und Wohlstand betreffen». Hat eigentlich je jemand das tiefste Wesen einer Universität so gut begriffen wie Prinz Wilhelm von Oranien? – Die Bestimmung zu Pflanzstätten einer rechtgläubigen Geistlichkeit spricht viel stärker mit bei der Errichtung der späteren: Franeker, Groningen, Harderwijk, Utrecht, als bei der Stiftung von Leiden.

In welchem Maß immer als ausdrückliches Ziel jeder Hochschule speziell die Beförderung des reformierten Glaubens überwogen haben mag, sie wurden alle rasch zu etwas, das mehr war als dies. Nicht daß ihre Stellung als Pflanzstätten der calvinistischen Theologie nicht von äußerstem Gewicht gewesen wären. Als Zentren des Calvinismus sind die niederländischen Universitäten für alle Länder, in denen die Lehre Calvins festgewurzelt war, Bollwerke dieses Glaubens gewesen. In dieser Eigenschaft zogen sie den Strom der Lernenden an aus Deutschland, Schottland, England, Polen und Ungarn. In der Republik selbst blieben sie gewiß im Verband mit der herrschenden Kirche; aber sie stellten keineswegs eine so unbestrittene Domäne der Orthodoxie dar, wie es ihre Statuten anzudeuten scheinen. Aus Leiden hatte man nach 1610 die Remonstranten wegzuweisen, und seit 1650 waren sie alle mehr oder weniger Kampfplätze für oder gegen den Cartesianismus. Die Oberhoheit der reformierten Kirche war im siebzehnten Jahrhundert in mancher Hinsicht mehr eine solche des Buchstabens als des Geistes.

Den Hochschulen kam hierzulande die Tatsache vorteilhaft zustatten, daß sie neue Stiftungen waren, unbeschwert von der Last einer mittelalterlichen Vergangenheit. Dies soll nicht heißen, daß das aus der Scholastik stammende System des höheren Unterrichts nicht auch hier Eingang gefunden und drückend gewirkt habe: Aristoteles war hier ebensogut Trumpf wie irgendwo sonst. Doch die Hochschulen besaßen hier mehr als die älteren Universitäten Freiheit und Gelegenheit, neue Zweige der Wissenschaft zum Wachsen zu bringen oder ältere Aufgaben zu Ende zu führen. Was unsern Universitäten ihren dauernden Ruhm gebracht hat, war letzten Endes nicht die Theologie, sondern die klassischen und die orientalistischen Studien, die Anatomie, die Sternkunde und die Botanik, die Physik und die aufkommende Chemie. All diese Disziplinen standen völlig außerhalb der Sphäre des Calvinismus und des calvinistischen Geistes.

Wenn schon innerhalb des Bereichs der Universität, den sich die Kirche doch eigentlich als ihre Domäne abgesteckt hatte, ihre Herrschaft die Entwicklung keineswegs ganz bestimmt hat, wieviel schwächer ist das calvinistische Element erst in denjenigen Äußerungen des Geistes, die unabhängig von der Kirche oder sogar trotz der Kirche ihre Form angenommen haben. Dem Denken Hugo de Groots, um von Spinoza nicht zu reden, ist jede Berührung mit der Lehre Calvins fremd gewesen. So groß die Ehrfurcht und Hochschätzung auch sein kann, die man dem Calvinismus als Faktor unsrer Kultur entgegenbringen mag, es bleibt doch unleugbar, daß das Geistesleben des Jahrhunderts,

9. Frans Hals (circa 1580-1666)
Vorsteherin des Altmännerhauses zu Haarlem (Fragment)
Haarlem, Frans Hals Museum

10. Thomas de Keyser (1597-1667)
Constantijn Huygens
London, National Gallery

11. Gabriël Metsu (1629-1667)
Interieur

12. Adriaen Brouwer (circa 1606-1638)

Schlafender Bauer

13. Thomas de Keyser (1597-1667)
Bildnis des Loef Vredericx, Fähnrich der Amsterdamer Schützengilde
Den Haag, Mauritshuis

14. Gesina Terborch (1633-1697)
Festmahlzeit; aus einem Familienalbum
Amsterdam, Rijksprentenkabinett

15. H. A. Pacx (tätig in der ersten Hälfte des 17. Jahrhunderts)
Die Prinzen von Oranien auf dem Buitenhof
Den Haag, Mauritshuis

16. Job Adriaenszoon Berckheyde (1630-1693)
Alte Börse zu Amsterdam um 1668
Rotterdam, Museum Boymans

als Ganzes betrachtet, nur zu einem mäßigen Teil auf die Lehre gegründet gewesen ist, die Dordrecht vorschrieb.

In diesem Zusammenhang muß auch eine Tatsache gesehen werden, auf die – sooft von der neueren europäischen Kulturgeschichte die Rede ist – nicht genug hingewiesen werden kann,[1] auf die Tatsache nämlich, daß in diesem Land der Greuel der Hexenverfolgungen mehr als ein Jahrhundert früher als in den umliegenden Ländern aufgehört hat. Während in Deutschland sich der Leipziger Professor Carpzovius noch in der Mitte des siebzehnten Jahrhunderts seiner umfassenden Hexenvertilgung rühmte, während Richelieu selbst die Hand im Spiel hatte bei der Verurteilung von Urbain Grandier, der die Ursulinerinnen von Loudun behext haben sollte, während Schottland und die Schweiz Beispiele von Exekutionen bis tief ins achtzehnte Jahrhundert hinein liefern, fand hierzulande der letzte große Hexenprozeß mit Folterung und Hinrichtung 1595 zu Utrecht statt, das damals das Zentrum des strengen Calvinismus war.[2] In Holland endigte 1610 ein Prozeß mit Freisprechung; Jacob Cats hatte dabei als Verteidiger seinen Ruf als junger Advokat gewonnen. Darnach scheint man hier keine Hexen und Zauberer mehr gerichtlich verfolgt zu haben.[3] Dies will nicht sagen, daß das Volk nicht mehr daran geglaubt habe. Es glaubte ebensogut daran wie überall sonst und die rechtgläubigen Prädikanten werden diesen Glauben eher bekräftigt als bestritten haben.

[1] Ich tat es in meinem *Erasmus*, in *Nederlands Geestesmerk* und vielleicht noch an anderer Stelle.
[2] Hierüber ergeht sich Arend van Buchell in seinem Tagebuch.
[3] Die Hexenwaage zu Oudewater, die man in Schulbüchern noch zuweilen mit kleinen Clichés, die in Wirklichkeit etwas ganz anderes darstellen, illustriert findet, war nichts anderes als ein wohltätiger Schwindel, bei dem man sich gegen Bezahlung einiger Pfennige ein Attest erwerben konnte, daß N. N. kein übernatürliches Gewicht besitze.

81

Wir wissen ja, wie schwer man Balthasar Bekker um seiner «Verzauberten Welt» von 1691 willen zugesetzt hat.

Dieser Beweis eines Vorranges an echter Bildung war einer aufgeklärten und humanen Magistratur zu verdanken, jener Klasse von Regenten, die man so hart zu beurteilen pflegt wegen gewisser Unzulänglichkeiten, die damals überall und in jeder Verwaltung üppig gediehen.

Wir begeben uns hier nicht auf das dornige Gebiet der Frage, welchen Anteil die Kirche am Verkümmern der Volkskultur gehabt habe, wovon oben die Rede war. Die Kirchenglocken wurden, mit Ausnahme des Läutens bei Begräbnissen, zum Schweigen gebracht, und es macht hier keinen großen Unterschied, ob die Orgel dieses Los geteilt habe oder nicht. Um so fröhlicher plätscherte das Glockenspiel sowohl von Rathaus- wie von Kirchtürmen herab, auch noch im kleinsten Landstädtchen. Übrigens haben, wie bereits gesagt, wahrscheinlich die Taufgesinnten ebenso überzeugt wie die Reformierten dabei mitgewirkt, wenn es galt, dem Volksleben seine Farbe zu nehmen.

Das Ergebnis einer Erörterung, welchen Anteil der Calvinismus als Faktor an der Kultur unsres siebzehnten Jahrhunderts gehabt habe, oder anders gesagt: wie tief und wie deutlich ihr ein calvinistischer Stempel eigen gewesen sei, könnte ungefähr folgendermaßen lauten: Auch wenn er im Einzelnen immer unabgrenzbar bleibt, so ist doch der Einfluß von Calvins Lehre und Geist zweifellos entscheidend gewesen für das Aufkommen und für die Erhaltung des neuen freien Staates der Vereinigten Provinzen und nicht minder beträchtlich für die Errichtung unsrer Macht zur See. Einen calvinistischen Stempel trug das Volksleben, wenn man den bildlichen Ausdruck lebendig auffaßt, ganz gewiß. Was die Lehre und die Praxis von 1618 für das religiöse Leben selbst, für die Art der Frömmigkeit und die

Innigkeit des Glaubens bedeutet haben, lasse ich hier auf sich beruhen. Man mißt das Bewußtsein des Ewigen nicht mit historischen Begriffen.

Für das Aufkommen der Wissenschaft, dieses gewaltige Stück im Leben des siebzehnten Jahrhunderts, hat der Calvinismus keine spezifische Bedeutung gehabt, unabhängig von der Frage, ob die eine wissenschaftliche Figur ein strenger Bekenner und die andere ein laxer gewesen sei. Der Dichtkunst hat der Calvinismus wiederholt Stoff und Inspiration verliehen. Die Baukunst empfing von der Kirche die meisten ihrer großen Aufträge; doch ist es die Kirche als Organismus, die sie ihr gab, nicht als Doktrin, und die Frage, ob im Produkt strikte calvinistische Tendenzen zum Ausdruck kommen, bleibt offen. Dasselbe gilt für die spärlichen Schöpfungen der Skulptur, namentlich der Grabmonumente; doch unter dem Prunk mit Kriegsruhm und Ahnenquartieren ist im steinernen Grabmal der Akzent der Lehre noch schwerer zu finden als in der Architektur. Die Malerei des Jahrhunderts verdankt dem protestantischen Glauben nicht allzu viel, und dem Calvinismus im besondern noch weniger. Denn die Weihe von Rembrandts sakralen Werken geht über die Grenzscheiden konfessioneller Terminologie hinaus. Unter den allergrößten Namen derjenigen, die Form oder Gedanken schufen, findet sich keiner, dessen Träger ein eifriger Calvinist heißen kann: nicht Grotius, nicht Vondel, nicht Rembrandt.

IV

Wenn man versucht, den sichtbaren und hörbaren Teil der niederländischen Kultur des siebzehnten Jahrhunderts sich lebendig vorzustellen, braucht man, nachdem man von ihren Grundlagen und allgemeinen Verhältnissen das eine und andere gesagt hat, noch nicht gleich zu jenen zwei Gebieten überzugehen, die bereits als große Magneten anziehen: zu Kunst und Literatur. Erst muß der Blick noch etwas auf dem alltäglichen Aspekt von Menschen und Dingen ruhen bleiben. Immer wieder kommt man dann auf jene Eigenschaft des niederländischen Volkes, die weder erhaben noch tief geistig und doch so bedeutsam ist: die Einfachheit des Lebens, und in nächster Verbindung damit die Sparsamkeit und die Reinlichkeit. Das Einfache liegt nicht allein in Kleidung und Gewohnheiten, im Ton des Gesellschaftslebens und des geistigen Habitus. Es liegt auch in der Struktur und äußeren Gestalt von Stadt und Land selbst. Ein flaches Land ohne viel hohes Gehölz, – denn auch der Dünenstreifen, «des Grafen Wildnis», gab in seinem unberührten Zustand doch noch lange nicht einen Anblick von düstern Wäldern, – ohne zahlreiche Überreste jenes sehr schweren Burgenbaus, den südlichere Länder aufwiesen, vermittelte schon durch sich selbst dem Auge die Ruhe einfacher Linien und dunstiger Ferne ohne scharfe Brüche. Himmel und Wolken wirkten hier damals wie heute als die sachten Besänftigungen des Geistes. Die bescheidenen Städte lagen mit ihren grünen Wällen in einem weiteren grünen Umkreis, und überall, wo keine Heide war, lag stets Wasser, breit oder schmal, Wasser, das älteste Element der Schöpfung, über dem Gottes Geist schwebte zu Anbeginn, das Wasser, die Einfalt selbst aller irdischen Dinge. Es war kein Wunder, wenn in diesem Lande auch die Menschen einfach waren, in ihrem Denken und in ihren Manieren, in ihrer Kleidung und in ihrer Wohnung. In der Vorliebe für das stille Schwarz begegnen sich die Extreme des Holländers und des Spaniers. Huygens spricht von «Hollands ouden roem van slechte deftigheyd», von jener unübersetzbaren «Deftigkeit», in der sich Einfachheit und Nüchternheit mit Würde und Stattlichkeit begegnen. Nüchternheit, außer in Speise und Trank, denn Mäßigkeit hat niemand je unsern Alt-vordern als besondere Tugend zugerechnet.

Wohlstand und Reichtum haben diesen alten Zug allgemeiner Einfachheit eigentlich nie ganz ausgewischt. Noch um 1676 fällt dem kölnischen Nuntius Pallavicino, wie er unser Land besucht, überall außer im Haag «die alte Einfachheit in Lebensweise, Kleidung und Hausrat» auf, so daß er es lobt, «wie dieses Volk den andern den Luxus verschafft, ohne einen Teil davon für sich zu nehmen». Die Landessitte und die allgemeine Regel» – so fährt er fort – «ist, weniger auszugeben, als man einnimmt, und es gilt als eine schändliche Verschwendung, ja als ein ungeregeltes Leben, es anders zu halten.» Er fand Amsterdam gerade seit einigen Jahren wieder durch einen neuen Grachtenkreis erweitert und ganze neue Viertel wieder mit prächtigen Häusern ausgebaut. Nur diesem Volk, – so meint er, – das seinen Reichtum nicht in eitlen Ausgaben für Kleidung oder Bediente verschleudere, sei es möglich gewesen, so etwas zu Stande zu bringen. «Auf diese Weise tragen die Holländer dauernd zur Schönheit und Ehre ihres Landes bei.»[1]

Wenn der Fremde noch in den reichen Handelsstädten den Eindruck der Einfachheit hatte, wie muß es dann, bei allem Wohlstand, auf dem Land gewesen sein! Adriaan Leeghwater, der in seinem Werk und in seinen Plänen den gesunden und weit

[1] Bijdragen en mededelingen van het Historisch Genootschap XXXII (1911), p. 83f.

vorausschauenden Nützlichkeitssinn unsres Volkes verkörpert, erzählt in seinen denkwürdigen Memoiren,[1] wie in seinem Geburtsort De Rijp nur drei Paar Schuhe vorhanden gewesen seien, die für die Schöffen zur Verfügung stehen mußten, wenn sie in Regierungsgeschäften nach dem Haag zu reisen hatten.

Zur vielgepriesenen Reinlichkeit von Häusern und Straßen nur eben ein Wort. Die Tatsache, daß sie so besonders auffallend das Land nördlich des Ij kennzeichnet, hat ihren Grund zum Teil in einem wirtschaftlichen Motiv. Die Käsebereitung geschah im Bauernhaus, und da die geringste Verunreinigung die Arbeit von Wochen verderben konnte, begriff jedermann, daß die äußerste Sorgfalt in der gesamten Umgebung nötig sei, auch wenn man nichts von Mikroben wußte.

Vielleicht liegt aber das Bedürfnis nach dem schön Geputzten und Gewaschenen doch noch etwas tiefer im Grunde des Volkscharakters. Der Niederländer hat stets die Dinge des gewöhnlichen Lebens hoch geschätzt und die Würde des Alltäglichen begriffen. Es paßte zu seiner innigsten Frömmigkeit, dies alles als Gaben Gottes zu würdigen, und diese Hochschätzung ließ ihn diese Dinge als Schönheit genießen und gab ihm das Gefühl, es sei der Mühe wert, sie heil zu bewahren und wie neu zu halten mit jenem Putzen und Fegen und Stopfen, das ihm zur Leidenschaft wurde. Es kam ihm zustatten, daß Wasser jederzeit bei der Hand war und daß die feuchte Luft und der Meerwind die Atmosphäre meist frei von Staub hielten.

Es war eine hausbackene Tugend, diese Reinlichkeit, aber es war nicht ein dummer Materialismus, vielmehr das Gegenteil. Die Eigenschaft hängt zusammen mit einem starken Wirklichkeitssinn in der tieferen Bedeutung, daß man die Welt und die

---

[1] In dem *Klein Chronykje* im Anhang zu seinem *Haarlemmermeerboek*.

Dinge als wirklich auffaßt, mit jenem Wirklichkeitssinn, der, mag er nun philosophisch begründet sein oder nicht, die Dinge als tatsächlich und jedes für sich bestehend anerkennt und schätzt. Es spiegelt sich in dieser Reinlichkeit etwas von ethischem Gleichgewicht, das die niederländische Form der Frömmigkeit kennzeichnet. Man lese jene Seite, die Jan Veth über den Zusammenhang von holländischer Reinlichkeit und der Kunst Jan Vermeers geschrieben hat.[1]

Von dieser Gruppe echt niederländischer Eigenschaften wie Einfachheit, Sparsamkeit und Reinlichkeit und – wenn man will – auch Nüchternheit, prosaischem Sinn, Alltäglichkeit kommen wir wie von selbst wieder zu jener Gestalt, die uns nun von der Betrachtung der Kultur im allgemeinen zu derjenigen der Literatur führen soll, zu Constantin Huygens. Wir sprachen bereits von ihm als dem Mann von Stand und Ansehen, der doch nach Geist und Inspiration völlig Bürger blieb. Wir müssen nun versuchen, ihn vollständiger zu sehen als eine sehr reine Verkörperung der Kultur seines Landes und seiner Zeit, auf einem hohen Niveau, ohne daß er zu den allergrößten gehörte. Das Geschlecht der Huygens gehörte, obwohl es aus Brabant stammte, nicht zu den Emigranten aus dem wieder spanisch gewordenen Süden. Constantins Vater, Christian, war gebürtig aus der Baronie von Breda und schon seit 1578 einer der Sekretäre Prinz Wilhelms und nach dessen Tod des Staatsrates. Er gab seinen Kindern eine wohldurchdachte und mit aller Sorgfalt durchgeführte Erziehung, in der Spiel und Leibesübung neben streng geistiger Zucht darauf hinwirken sollten, sie zu vielseitig unterrichteten, gesunden, mutigen, einfachen, freien und natürlichen Menschen zu machen – ein Renaissance-Ideal, in die Praxis um-

[1] Im Sammelband *Beelden en Groepen*, Amsterdam 1919, p. 105.

gesetzt und in bester Fassung. Constantin ist sein ganzes Leben lang dieser Erziehung würdig und diesem Ideal treu geblieben. Er gehörte zu den Unermüdlichen, die aus ihrer Zeit zehnfältigen Nutzen zu ziehen verstehen, ein universales Talent ohne den Stempel der Genialität. Er kannte verschiedene Sprachen, zeichnete nicht schlecht und war ein voll ausgebildeter Musiker, der Hunderte von Kompositionen hinterließ. Er dichtete niederländisch, lateinisch und französisch und beschäftigte sich neben all dem ständig auch mit Theologie, Naturwissenschaft, Sternkunde, Philosophie und Literatur. Seine Tätigkeit in seinem Amt als Sekretär des Prinzen war ohnegleichen. Noch als Siebzigjähriger reiste er in schwierigen Geschäften für die Oranier nach ihrem Fürstentum Orange in Südfrankreich und nach London. Er war einundneunzigjährig, als er 1687 starb. Seine umfangreiche Korrespondenz in mehreren Sprachen mit Schriftstellern, Adligen, Gelehrten, Diplomaten und Damen hat er selbst geordnet. Man wundert sich nicht, unter den Gedichten dieses unermüdlichen Geistes eine Tirade gegen den Schlaf anzutreffen.

> *Das Schlafen rechne ich nicht zu des Menschen Freuden:*
> *Und hätte ich die Wahl, ich wünschte mir von beiden,*
> *Von Schlummer und von Schlaf, Entlastung zu erwerben.*
> *O Schmach dem Kissentod, Schmach diesem täglich Sterben,*
> *Schmach diesem Zeitvertreib; wer Dich entbehren könnte,*
> *Wie wär sein Leben lang ...*

«Aber», so bedenkt er sich dann, «derjenige, der es anders hätte fügen können, hat es so gefügt. Zu Bett! Es ist Gottes Befehl; man darf nicht ständig leben; ein wenig Sterben gehört dazu ...».[1]

---

[1] *Hofwijk, De Koren-bloemen,* ed. 1618, p. 599.

In das Bild dieses Dichters, der nicht dichterisch genug war, um ganz ein Dichter zu sein, – in das Bild dieses Menschen ohne Fehl und Tadel gehört auch die innige Trauer um seinen Stern, um die früh verstorbene Frau, die er nicht vergaß.

Hinter seinen bei aller Künstlichkeit auf den ersten Blick so spontan wirkenden Versen steht immer ein Vorrat humanistischer Gelehrsamkeit, die er in den Anmerkungen nie zu zitieren vergißt. Und doch bleibt er Niederländer bis ins Mark; es gelingt ihm sogar, italienische, französische, spanische und englische Literatur seiner Zeit oder des vergangenen Jahrhunderts in einen echt holländischen Ton zu transponieren.

Wir lesen eigentlich Huygens nur noch, wenn es unser Beruf mit sich bringt. Woran liegt das? Zum Teil – so scheint es mir – an einer bedauerlichen Schwächung unsres Interesses, und damit an einer Verwahrlosung unsres Wissens über die gewohnte, sagen wir ruhig herkömmliche Geschichte unsrer nationalen Vergangenheit. Für den mittleren Gebildeten leben die Figuren nicht mehr genug; die besonderen Fakten sind ihm nicht mehr hinreichend vertraut, wie sie es in den Tagen von van Lennep und Potgieter waren. Wenn der heutige Leser Geschichte sagt, so meint er meist ein oberflächliches Sich-vergaffen an ein paar Eindrücken bildender Kunst oder an ein paar geringen Filmen historischer Aufmachung. Aber wie die holländische Ständeversammlung arbeitete oder wie es zur Seclusionsakte kam oder wer Nicolaas Witsen gewesen ist, interessiert ihn weniger; das sei für die Fachleute, meint er.[1] Dieser Verlust von Kontakt mit der

---

[1] Die «Seclusionsakte» bezeichnet den Ausschluß der Oranier von allen Regierungsämtern und Befehlsgewalten vom Jahr 1654, der als eine der Bedingungen Cromwells für den Friedensschluß nach dem ersten englisch-holländischen Seekrieg von de Witt bei den Staaten Hollands durchgesetzt wurde. (Anm. d. Übers.)

Landesgeschichte – trotz allen illustrierten Werken, die täglich über sie erscheinen – drängt einen Geist wie denjenigen des vortrefflichen Constanter in den Hintergrund. Seine Dichtung ist für unsre Zeit zu intellektuell und allzu stark gebunden an die Umgebung, in der er lebte. Seine Emblemata, seine Gnomica und Epigrammata, seine moralischen Meditationen, seine frommen Gedichte: sie alle sind zu literarischen Antiquitäten geworden. Nicht immer ist es die Schuld des modernen Lesers, wenn er sie so empfindet. Es gibt ernsthafte objektive Mängel in Huygens' Talent. Der gekünstelte Ausdruck macht die Lektüre zu anstrengend. Der gelehrte Unterbau schreckt ab und ermüdet. Er macht allzu gern Gebrauch von der rhetorischen Figur des Oxymoron, der scheinbaren Absurdität, die sich als Ironie auflöst. Sein Geist ist frisch und kräftig genug; aber die Wirkung des Komischen, in der er sich immer wieder versucht hat, ist verflogen; wenn Laune und Scherz schal werden, sind sie ungenießbar. Man kommt zu dem Ergebnis, daß Constantin im Tiefsten seiner Seele viel zu ernst war, als daß ihm das Komische hätte gelingen können.

Und trotzdem lautet der Schluß: wem es darum zu tun ist, den Geist des siebzehnten Jahrhunderts einzuschlürfen wie einen alten Wein, der mag *Hofwijk* zur Hand nehmen; er findet dort mehr Geist als Poesie; aber er entdeckt dort sein Land und sein Volk, wie sie gewesen sind, – damals, als alle Planken, die an Schiffen und Scheunen nur irgendeine Farbe tragen konnten, fröhlich strahlten in Grün und Weiß und Rot und Gelb und Blau.

Wenn es von Constantin Huygens zu Jacob Cats nur ein Schritt ist, so ist es nicht der Schritt vom Sublimen zum Lächerlichen, denn Huygens ist nicht sublim und Cats nicht lächerlich. Man hat uns daran gewöhnt, von dem Dichter, dessen Werk zwei Jahrhunderte lang neben der Bibel in keinem Haus fehlte, mit einer gewissen Verlegenheit, gleichsam entschuldigend, zu sprechen. Wir sehen in ihm mehr oder weniger das enfant terrible unsrer großen Zeit. Er verkörpert uns für diese Epoche eine allzu mittelmäßige Höhe, die uns zu niedrig scheint, während seine unübertroffene Popularität beweist, daß gerade in ihm das niederländische Volk sich wieder erkannte, so wie es sein wollte. Lag es vielleicht zum Teil daran, daß er aus Seeland und nicht aus Holland stammte, wenn Cats nicht über sein Niveau hinaus hat steigen können? – Man verdächtige den Schreiber dieser Blätter nicht einer zu geringen Schätzung für jenes bezauberndste Gemeinwesen Niederlands, wo die Lichter weicher, die Fernen mitreißender, die Weiden grüner und die Dörfer intimer sind – und wo die Städte schöner waren ... als irgendwo sonst. Aber ist es nicht doch eine Tatsache, daß das Volk der runden Seeländer, die kühnen Seefahrer und Fischer, die gutmütigen Bauern, für die Werke des Geistes und der schöpferischen Hand in unsrer Blütezeit nicht viel hervorgebracht haben? Ist man ganz sicher, daß die «Zeeuwsche Nachtigal», mit der sich die beaux-esprits von den Ufern der Schelde auf das Feld der Literatur wagten, nicht vielleicht doch ein sommerlicher, schlafvertreibender und Ruhe spendender Frosch im Schilf gewesen ist?

Vielleicht ist es sicherer und billiger, Cats' dichterische Mängel in seiner Anlage zu weltlichem Glück und Erfolg begründet zu sehen. Er studierte in Leiden, promovierte in Jurisprudenz zu Orléans, war dann als Advokat tätig, und stieg, mehr dank politischen Umständen und dank seiner vorsichtigen Schmiegsamkeit als durch Talent und Verdienst, bis zum höchsten Amt der Republik empor. Er, der Seeländer, wurde Ratspensionär von Holland, sintemal Frederik Hendrik an dieser Stelle keine kräftige Persönlichkeit wünschte. Ein Staatsmann wurde er nie, dafür aber Ritter eines englischen Ordens, und dank seinen frühzeitig begonnenen Unternehmungen auf dem Gebiet der Eindeichung ein sehr reicher Mann. Er war ein guter Calvinist, stets von Prädikanten umgeben, aber eher mit pietistischen und moralistischen als mit orthodoxen Neigungen, so daß auch der katholische Süden ihn ohne Bedenken las und immer wieder las. Sein Werk fuhr früh mit nach Südafrika und blieb auch dort in Ehren.

Cats' übermäßige und lang dauernde Popularität bleibt, wie man es auch nimmt, für unsern Volkscharakter ein wenig beschämend. Auch wenn er, rein formal betrachtet, ein viel besserer Dichter gewesen ist, als es die moderne Ästhetik zugeben will, warum gerade dieser gewöhnliche Geist mit seiner berechnenden Sittlichkeit, seiner bedachtsamen Sinnlichkeit, seinem Selbstbehagen, seiner auf das Minimum von dichterischem Begreifen gestimmten Leier? Weil er gab, was die Menge verstand und interessant fand, weil das ganze Volk sich in seinem nicht selten unterhaltsamen, allezeit lehrreichen Gerede wiedererkannte, in der vollen Banalität und prosaischen Nüchternheit, die ihm eigen war. Um Cats recht zu sehen, muß man ihn nicht mit seinem dichterischen, sondern mit seinem historischen Organ begreifen wollen, als den – nicht immer frischen – Teich, in dem sich eine ganze Periode spiegelt.

In dem Maße, als nun der schwere Foliant von Cats' Werken immer häufiger in der Tiefe des Bücherschrankes seine Ruhe fand, um so lebendiger wurde das Interesse für Gerbrand Adriaenszoon Brederoo. – Welch ein Kontrast! Der Herr von Zorgvliet, der wohl von Kindsbeinen an sein Herz der Poesie verpfändet hatte, und doch erst spät recht zum Dichten kam, der beladen mit Ehren und Ämtern und irdischen Gütern doch nie aus der Fassung geriet, und dreiundachtzigjährig wurde – und das Amsterdamer Bürgerkind, das sprühend von Geist und voll von poetischem Feuer nur eben das dreiunddreißigste Jahr erreichte? Cats, der Studierte, der in seinen Klassikern gut zu Hause war (er hatte lateinische und griechische Verse gemacht), Brederoo, der wie jener allergrößte *small Latin and less Greek* besaß, – er selbst hat von seinem Wissen gesagt, daß ihm «nur eben ein bißchen Kinderschulfranzösisch im Kopf rumorte». Trotzdem auch Brederoo bei den Klassikern auf die Suche gegangen ist, als er sein *Moortje* nach einer französischen Übersetzung des terenzischen *Eunuchus* ausarbeitete, so steht er doch unter all unsern Dichtern vielleicht als derjenige da, der sich am meisten gelöst hat von humanistischer Gelehrsamkeit, die sonst fast alle Poesie zu würzen hatte. Nicht aber gelöst von der Renaissance, wohlzuverstehen. Denn wie wäre sein schmerzlich glühendes Liebeslied möglich gewesen ohne Petrarca und ohne all das, was auf ihn gefolgt war? Mit der Entlehnung seiner früheren dramatischen Stoffe aus den Palmerijn-Romanen, die ihrerseits eine Nachfolge der Amadis-Romane darstellten, schöpfte Brederoo tief aus dem fließenden Quell der späten Renaissance. Viel merkwürdiger als dies ist sein Zurückgreifen auf das mittelalterliche Volkslied. Und sein Meisterwerk schließlich, sein letztes zugleich, *Der spanische Brabanter?* Der spanische Schelmenroman *Lazarillo de Tormes* hatte ihm das Motiv verschafft; aber was unter seinen Händen daraus wurde, war das Holländischste, ja das am meisten Amsterdamische, was je geschrieben worden ist. Wenn je ein Stück Volksleben und Volkskultur unmittelbar aus einem Produkt der Literatur gesprochen hat, dann aus dem *Spanischen Brabanter* und aus den besten Episoden des *Moortje*. Hier hat man die Generation, zu der auch Vondel, auch Frans Hals, auch Jan Pieterszoon Coen gehörten, wie sie leibte und lebte. Hier hat man sie alle in ihrer Echtheit und Natürlichkeit, ihre ganze Lebenslust, ihre ganze Grobheit.

Die beiden großen Lustspiele Brederoos können eigentlich weder im vollen Sinn Schauspiel noch im vollen Sinn Komödie genannt werden, auch wenn die Zeitgenossen über das rauhe bäurische Wesen sicher herzlich gelacht haben. Für beide Qualitäten sind sie indessen zu sehr Malerei. Mag der Dialog noch so lebendig, die Situation zuweilen noch so spaßhaft sein, die Handlung kommt zu kurz und der Witz ist kein Humor. Um das wahrhaft Komische zu treffen, muß man sich zu Ben Jonson begeben. Mit all dem möchten wir Gerbrand Adriaenszoon nicht um jemand anders willen missen, denn er gehört zu uns; er gibt uns von unsrer eigenen Vergangenheit, von dem unvergleichlichen Amsterdam das packendste Bild, das die Zeit uns hinterlassen hat. Für die Kunst Brederoos ist die Metapher «Bild» völlig am Platz. Denn dies ist der Grund, weshalb er nicht eigentlich komisch ist: sein Wort ist zu bildhaft; gemalte Komik macht ebensowenig lachen wie gemalte Tragik weinen macht. Brederoo, der zum Maler erzogen worden war, und sein Brot in den ersten Jahren noch als solcher verdient hat, ist eigentlich nicht in der Literatur, sondern in der Malerei zu Hause.

Es liegt nicht in unsrer Absicht, in diese Skizze einer Kultur als eines Ganzen einen kurzen Abriß der niederländischen Literatur aufzunehmen. Wir überspringen all die andern Dichter, um jetzt zu Hooft und darnach zu Vondel zu kommen.

Was sagt uns als Vertreter seiner Kultur jener andre Amsterdamer, der nicht wie Brederoo aus der Schuhmacherwerkstatt, sondern aus dem Bürgermeisterhaus gekommen war, Pieter Corneliszoon Hooft? Die Hoofts waren so wenig wie im Grunde alle andern Amsterdamer Geschlechter alte Patrizier. Das alte

Stadtpatriziat war mit dem Geusisch-Werden der Stadt verschwunden. Die Familie Cornelis Pieterszoons war im Handel
und in der Schiffahrt emporgekommen und auch der Sohn war
vom Vater für den Handel bestimmt. Der Aufenthalt in Frankreich und in Italien, der ihn dazu vorbereiten sollte, hat den
gebornen Literaten, der er war, mit der Nachblüte der italienischen Renaissance völlig erfüllt. Im Jahr 1605 wußte er seinen
Vater dazu zu bewegen, daß er den Handel mit dem Studium
der Rechte in Leiden vertauschen durfte, und bevor er dreißig
Jahre alt war, bekommt er vom Prinzen Maurits den Titel eines
Drost von Muiden, eines Landeshauptmanns von Gooiland und
eines Kommandanten von Weesp. Er hat allem Anschein nach
seine Amtspflichten nicht vernachlässigt; aber sein Leben, das er
im Sommer auf dem Schloß von Muiden, im Winter in Amsterdam verbrachte, war doch vor allem das eines Schöngeistes ohne
irdische Sorgen, ausgenommen diejenigen um seine Familie, von
der er als kaum Vierzigjähriger der einzig Überlebende war. Das
Charakteristische an Hooft liegt, so scheint es mir, zu einem
guten Teil darin, daß er – trotz dem gewaltigen Opus seiner
Nederlandse Historien – nach Art und Geist so wenig den Typus
der Nation trägt. In seinem Geschichtswerk geht, was man auch
sagen mag, der niederländische Klang oft mehr oder minder
unter in demjenigen des Tacitus, der dauernd durch die Seiten
rauscht. Mich bringt der trockene Bor zuweilen näher an die
Dinge selbst heran als der schön ziselierende Hooft. In seiner
zauberhaften Lyrik bleibt sein Geschmack und Ton doch eigentlich romanisch; die fließende Einfachheit seiner Sprache und
seiner Prosodie, der weiche Akzent, die warme Gefühlsfarbe: dies
alles scheint so wenig mit dem harten Element unsrer Volksart
verwandt. Gerade die weicheren, sanften Eigenschaften seiner
Dichtung sind es, die Hooft dem modernen Leser so viel zu-

gänglicher machen als irgendeinen andern Dichter des siebzehnten Jahrhunderts. Dieser Glanz von Sonne und Morgenlicht, dieses sanft Pathetische, das Helle und doch zuweilen Tiefe seines Dichtens: es spricht alles unsern heutigen Geist leichter an als die straffe Härte seiner Zeitgenossen.

Trotzdem, wir wissen zu gut, wie gerade dieser Hooft, der Gastgeber des Muider Kreises, mehr als irgendein andrer den Mittelpunkt gebildet hat für das kulturelle Leben seiner Zeit und seines Landes, als daß wir auf das, worin er vom allgemeinen Ton seiner Umgebung abweicht, allzuviel Nachdruck legen möchten.

Vor dem Glanz Vondels verblaßt alles übrige. Wir Niederländer wissen es sehr bestimmt, daß Vondel zu den sehr großen Dichtern aller Zeiten gehört. Wir wissen auch und wir nehmen es in Kauf, daß die Welt ihn nicht kennt und nie kennen wird. Ist es nur, weil er niederländisch schrieb? Man wird es schwerlich behaupten können. Er hätte ja auch in Übersetzungen einen Weltruhm ernten können, wie es mit Cervantes und andern Spaniern oder in neuerer Zeit mit den Russen und mit Ibsen geschehen ist. Es muß ihm doch an gewissen Eigenschaften gefehlt haben, die einen Dichter überall verständlich, für die Welt zugänglich und unentbehrlich machen.

Bei einem Versuch, die Gestalt Vondels mit einem einzigen Blick zu überschauen, das heißt ohne in allzu viele Einzelheiten über seine Person, sein Leben und sein Werk einzutreten und ohne bloß allbekannte Dinge zu wiederholen, ruft man sich am besten zunächst die allgemeinste Qualität seiner Dichtung vor Augen: seine formale Vortrefflichkeit. Es drängen sich uns dann Worte auf die Zunge wie Schwere des Klangs, Majestät, Fülle. Vondel mag ab und zu auch eine süße Pansflöte gespielt haben oder –

dies indessen nicht oft – auf einer schallenden Trompete geblasen haben, sein Werk im allgemeinen ist doch immer im vollsten Sinn des Wortes orchestral. Die auditive Bildersprache setzt sich uns sofort um in eine visuelle: Vondels Dichtung ist von einem unerreichten Farbenreichtum. Farbenreichtum wird indessen nie zur Buntheit; er bleibt schimmernd, ein Farbenspiel. Vielfarbigkeit, Reichtum, Fülle: die Metapher, die stets unser nächstes Hülfsmittel bleiben muß, springt zuweilen über vom Gebiet des einen Sinnesorgans auf dasjenige des andern, oder besser: sie umfaßt sie alle zusammen. Mit welchen Worten drückt man die Kraft, die Leistung, die Beweglichkeit von Vondels Rhythmus aus? Ich weiß nicht, ein wie großer Prozentsatz seines Werkes in Alexandrinern geschrieben ist; aber ich weiß, daß wenn er mich zuweilen ermüdet – und dies tut er hie und da – es nicht an der Qualität seines Alexandriners liegt. Trotzdem, wenn er sich gelegentlich von ihm losmacht und sich in andern Metren ausdrückt, dann ist es oft, als ob er, die Flügel schlagend, aufstiege und wegflöge aus einem Käfig. Wieder sucht der Geist nach andern Umschreibungen für die Art von Vondels Poesie und nennt sie strahlend, königlich, elyseisch. Bis dann plötzlich bei so viel uneingeschränktem Lob für die dichterische Form sich das Bewußtsein eines Mangels aufdrängt: man kommt erst spät auf die Frage nach Vondels Denken! Sollten wir wirklich feststellen müssen, daß der Reichtum von Vondels Denken verhältnismäßig gering ist? Und wenn ja, müßte man ihn dann als Dichter weniger hoch schätzen?

Vielleicht ist es gut, von Vondels vielen Vortrefflichkeiten unmittelbar zu seinen Mängeln überzugehen. Ich stelle mich wieder auf den Standpunkt des allgemeinen Lesers, nicht des Philologen und auch nicht auf denjenigen eines Dichters selbst. Gibt es den, den allgemeinen Leser? Liest unser Volk ihn gerne und oft, wissen wir viel von ihm auswendig, geht er um in unserm Sprachgebrauch, in Spruch und Zitat? – Es fällt schwer, unbedingt ja zu sagen. Was mich betrifft, so bekenne ich gerne, daß das vollständige Durchlesen eines Dramas von Vondel – ganz anders als bei einem von Shakespeare – mich große Anstrengung kostet, daß sogar beim Lesen eines einzigen Chorliedes in *einem* Zug das Thermometer meines Interesses zuweilen schwankt oder nach einigen Strophen sinkt. Wie kommt es, daß er so viel ferner von uns zu stehen scheint als nicht allein Shakespeare, sondern auch Racine? Ist es die schwere Last von antiken und biblischen Gestalten, die uns drückt, eine gewisse Überfüllung mit Figuren und Bildern? Wir nehmen ihn nicht mehr vollständig auf mit unsrer unmittelbaren poetischen Apperzeption. Mit Ausnahme einer Anzahl von lyrischen Gedichten oder lyrischen Szenen klingt seine Stimme nicht mehr durch die Jahrhunderte hin wie diejenige Shakespeares oder Dantes. Wir lesen ihn, wie ein Nichtphilologe, der in seinem Latein noch gut zu Hause ist, bei Zeit und Weile einmal Vergil zur Hand nimmt.

Wie immer man versuche, Vondels Geist oder Vondels Seele zu ergründen, nie stößt man auf etwas Unedles oder Niedriges. Man kann eine Reihe von Mängeln des Dichters aufzählen, aber kaum einen einzigen des Menschen, wenigstens keinen, der sein Herz berührt. Seine dichterische Kraft wird wohl gelegentlich gehemmt durch jene grenzenlose Naivetät, durch diesen liebenswerten Mangel an Weltverstand, in dem zum guten Teil die Unspielbarkeit seiner Bühnenwerke wurzelt und mit dem aufs engste zusammenhängt seine äußerst primitive Psychologie. Denn seine Personen sind zum größten Teil starre, von elementaren Antrieben bewegte Figuren, strahlend in makelloser Tugend oder schauererregend in ihrer Bosheit. Er kennt die Versuchung und den Seelenkampf; aber wenn er sie darstellt, löst er sich nur schüchtern vom biblischen oder hagiographischen Modell. Tiefe Ehrfurcht, in jedem Sinn des Wortes, ist wohl ein besonders stark sprechender Zug Vondels gewesen. Wie kindlich bescheiden verrät sich diese Ehrfurcht in dem Fleiß, mit dem der königliche Dichter noch in der Fülle seines Könnens Latein studieren geht, um seinen klassischen Vorbildern genauer folgen zu können. Welch eine liebenswerte Unbeholfenheit im Bauen eines Dramas, in der Vorbereitung einer Peripetie, im Anlegen und Auflösen einer Verwicklung, oder lieber: welch ein vollkommenes Nichtvorhandensein irgendeines Plans, was für ein Kontrast mit Shakespeare und mit Racine! Vondel arbeitet mit einer relativ geringen Zahl von dichterischen Motiven einer stereotypen Art.

Seinem Kulturtypus nach ist Vondel innig national holländisch gewesen. Von seiner Antwerpener Herkunft klingt wenig in ihm nach. Seine Geburtsstadt Köln hatte er mit Amsterdam, wo er lebte, in einer poetischen Verehrung und Verherrlichung vereinigt, in einer Vorstellung, die mit seiner Neigung und später mit seinem Übertritt zur alten Kirche mehr und mehr die Gegenwart transponierte in ein goldenes christliches Zeitalter, in dem Köln prangte als die Stadt der heiligen Ursula und ihrer Jungfrauen, als die Stadt zahlreicher heldenhafter Heiligen, und in der Amsterdam – so sehr er der niedrigen Ursprünge der Stadt ehrfurchtsvoll gedachte – doch die Figur eines christlichen Troja darstellte, mit seinem Gysbreght-Aeneas, dem obskuren Heros eponymos, den er aus ein paar Chronik-Berichten zu einer Stelle im Dichterhimmel emporhob. Man erinnert sich, wie Vondel aus seinem «Gysbreght» schon bevor es ihm vergönnt war, sein Stück spielen zu lassen, nach dem Gutfinden von Prädikanten und Obrigkeit Stellen hat streichen müssen, die zu sehr nach jener «papistischen Superstition» rochen, die er alsbald voll zu der seinen machen sollte.

Die arminianischen Töne seiner Spottgedichte sind zusammen mit den täuferischen Vorstellungen, die vielleicht stets ein wenig in ihm nachklangen, in seinem neu gefundenen Glauben gleichsam aufgegangen. Vondels Phantasiewelt wurde diejenige einer reichen, wohlvertraut altchristlichen Sphäre von Heiligen und Märtyrern. Sie hinderte ihn nicht, täglich wieder hinabzusteigen in die volle Wirklichkeit der niederländischen Gegenwart, in das Gedränge von Amsterdam oder in die weiche Ländlichkeit von Gooi und Kennemerland. Man kann Vondels Blick heroisch-visionär nennen, aber zugleich ist er durch und durch gesund realistisch, in jenem eigentlichen Sinn des Wortes Realismus, jenem Überzeugtsein von der Wesentlichkeit und vom Belang jedes einzelnen der Dinge für sich, so wie er einst die Grundlage für das Denken des heiligen Thomas dargestellt hatte und wie es eigentlich beinah all unsre Menschen des siebzehnten Jahrhunderts von Natur in sich trugen, ungeplagt von Zweifeln über Sein oder Existenz. Es ist dieses unmittelbare Anerkennen der Dinge in ihrer sichtbaren und tastbaren Erscheinung, was Vondel mit den Geringeren wie Huygens verbindet und übrigens beinah mit allen Geistern, die an der Kultur teilhaben, die uns beschäftigt. Vondel sieht diese Welt seiner Vorstellungskraft in den runden Formen und im Stil der üppigen Draperien des Barock. Alle nüchternen, gerade emporsteigenden Linien werden gemildert in der reichen Phantasie dieses neuen, wieder aufblühenden Katholizismus, der überall im Umkreis Vondels so viele zur alten Kirche zurückzog.

Vondel ist sein Leben lang Gelegenheitsdichter gewesen. Aber gilt dies eigentlich nicht von allen großen Dichtern aller Zeiten, vom griechischen Drama und vom höfischen Minnesang, von Vergil und von Dante? Die Gelegenheit macht ebensogut den Dichter wie den Dieb, doch leider nicht allein den vereinzelten großen Dichter, sondern auch die zahllosen kleinen. Die Vorstellung von dem spontanen Fließen der Verse als dem einzig wahren Dichtertum ist eine Fiktion der Romantik. Vondel dichtete weitaus den größten Teil seines Werkes, wenn nicht stets «im Auftrag von ...», so doch «bei Anlaß von ...».

Vondel blieb in seinem allzu leichten Vertrauen, in seiner nie berechnenden Natur, seiner Unvorsichtigkeit gegen Neider und Autoritäten das ewige Kind, das beinah all die wahrhaft Großen des Geistes zu sein pflegen. Dieses goldene Kinderherz war gänzlich erfüllt von naiver Begeisterung und unerschütterlicher Treue. Er besaß ein starkes und inniges Gefühl für das Glück und für das Leid des Familienlebens, von denen ihm vor allem das letztere reichlich zuteil wurde, und für alles, was gesund und rein und einfach ist. Es paßt völlig zu seiner Person, daß bei all dem Reichtum an Hochzeitsgedichten für andere in seinem Werk sich wohl Trauergedichte auf seine eigenen Verstorbenen finden, aber kein subjektives Liebesgedicht.

Dieser bescheidene Bürger hat wahrhaftig in der Sphäre der erhabensten Tugenden gelebt. Er war einer von denen, die die wahre Barmherzigkeit besitzen und den Hunger nach der Gerechtigkeit.

Von Vondel zu Hugo Grotius scheint uns ein steilerer Tritt zu führen als es dem Geist des siebzehnten Jahrhunderts vorkam. Für uns scheint es der Übergang vom Künstler zum Gelehrten, vom Dichten zum Wissen. Gewiß: auch Hugo Grotius hat wohl um die 10 000 lateinische und ebensoviele niederländische Verszeilen geschrieben; aber er ist für uns allzu sehr in der Wissenschaft und in der Hochschule zu Hause und nicht in dem, was

unser verengerter Sprachgebrauch die Literatur nennt, als daß
wir ihn gleich nach Vondel nennen könnten. Wir haben in unsrer
geistigen Garderobe die Literatur im Sinn der «schönen Literatur» in einer schlechten Stunde genau in das selbe Fach geordnet,
wo auch die bildende Kunst und die Musik hängen und haben es
meist vergessen, daß im siebzehnten Jahrhundert zusammen mit
der Poesie das gesamte Gebiet von Historie, Philologie, Philosophie, Sprachwissenschaft, ja zuweilen sogar der Rechtsgelehr-
samkeit noch unter den Begriff der *Literae* fiel, während «Künste»
einerseits die bildende Kunst mit der Musik andeutete, andrerseits die Handwerke und die Techniken umfaßte und zuweilen
nah an unsern Begriff «Wissenschaften» grenzte. Im Sinn des
siebzehnten Jahrhunderts gedacht, ist der Schritt von Vondel zu
Grotius nicht einfach ein Sprung vom Dichter zum Denker. Mit
beiden bleibt man im Gebiet der *Literae*. Zwei Punkte mögen
hier in Kürze ins Auge gefaßt werden: Hugo Grotius als Expo-
nent unsrer niederländischen Kultur und die Stelle, die Literatur
und Wissenschaft im Leben jener Zeit einnahmen.

Man kann die echt niederländische Art an diesem Großen,
der Huig de Groot war, fast in jedem Zug seiner Persönlichkeit
demonstrieren. Er ist durch und durch Niederländer[1] in all
seinen Fasern, nach allen Seiten seines Geistes und seines Wesens.
Ich kenne keinen Zug, der ihn so schlagend als Sohn unsres
Stammes kennzeichnen würde, wie das folgende Faktum. Das
Werk, das ihm mindestens ebenso sehr am Herzen lag wie das
Recht von Krieg und Frieden und auf dem in seiner eigenen Zeit sein
Ruhm vor allem geruht hat, war seine *Wahrheit der christlichen
Religion*. Er schrieb es auf Loevestein in niederländischen Reim-

---

[1] Grotius selbst fühlt sich als Holländer; siehe oben p. 39*, die übrigen Glieder
des Staates sind für ihn nur «Bundesgenossen», socii, so sehr sieht er die
Union nach dem Muster der Römischen Republik.

versen, und für wen? Für den niederländischen Seemann. Dieser fuhr ja zu allen Nationen; er war der gegebene Verbreiter der Wahrheit des Glaubens über die Welt hin, wenn man ihm diesen Glauben nur in einfacher Form deutlich machte. Da hat man Grotius in der Nußschale: den naiven Didacticus, den weichherzigen Optimisten, den universal denkenden Mann des Friedens, den Frommen, der auf die Kraft der vernünftigen Darlegung baut, auf den Geist von Harmonie und Ausgleich in Sachen des Glaubens, den Vorkämpfer einer zu Ende gedachten Rechtgläubigkeit, in *einem* Wort: den Remonstranten.

Vondel und Grotius sind stets Geistesverwandte gewesen in ihrer Liebe zur Freiheit, wie ihre Zeit diese verstand: als einen Raum für die individuelle Entfaltung aller Kräfte unter einem gemäßigten, geordneten, wohlmeinend aristokratischen Regime. Sie waren es auch in ihrer Leidenschaft für die Gerechtigkeit. Vondel, der nur vier Jahre jünger war als Grotius, hat ihn um vierunddreißig Jahre überlebt. Grotius bleibt eine Figur aus den ersten Dezennien des Jahrhunderts. Er hatte kurz nach seinem vierzigsten Jahr das Beste gegeben, was in ihm lag, und geriet in seinem Exil allmählich etwas abseits vom Fortgang der niederländischen Kultur zu stehen. Er hat Vondels Übertritt zur katholischen Kirche noch erlebt, aber die reifste Frucht dieser Wendung, den *Lucifer*, nicht mehr kennen gelernt. Die katholischen Neigungen de Groots waren übrigens mit Vondels leidenschaftlicher Hingabe an die Mysterien der Kirche wenig verwandt. Für Grotius erschien das Bild der alten Kirche im milden Licht seines ökumenischen Friedensideals und seiner Ehrfurcht für Harmonie und Tradition, für Stil und Form, die ihm die Bewunderung für die Kirche Englands eingab. Aber wie fern stand er damit dem Schwelgen im Reichtum der erneuerten Heiligenverehrung, dem Aufgehen im innigsten Erlebnis des Sakraments,

wie sie Vondels Bekehrung bestimmt haben! Grotius war schließlich doch zu sehr Rationalist in seinem Denken und zu sehr
Klassizist, um dem Pfad folgen zu können, den Vondel beschritt.
Mit seinem *De veritate religionis christianae*, – das bald auf den
niederländischen Urtext folgte, – in dem Grotius mehr auf
philologische und historische als auf theologische und philosophische Gründe eine Verteidigung der natürlichen Religion
aufbaute, hat er die Geister auf den kommenden Rationalismus
vorbereitet, und dies um so mehr, als er es absichtlich in diesem
allgemeinverständlichen Ton geschrieben hat.

De Groots Geist war einer von denen, die aus einem uner-
schöpflichen Wissensschatz mit logischen Argumenten zitieren
und beweisen, nicht einer, der im Unbekannten sucht und spürt,
bis er es findet. Daher kommt es auch, daß bei ihm das klassische
und das biblische Altertum als Autoritäten noch so kräftig zu-
sammenstimmen. Er führt gleichsam die unübersichtliche Vielheit im Geschehen seiner Zeit zurück auf die einfache Vorbild-
lichkeit der antiken Historie und begreift die Gegenwart in den
alten Formen und Figuren.

Die Literatur in jenem älteren weiten Sinn nahm im kulturellen Leben des Jahrhunderts ungefähr den gesamten Raum ein,
den die Predigt offenließ. Beim Fehlen eines fortdauernden
Stroms täglicher Nachrichten und frischer Lektüre blieb ein
gutes Stück Zeit und Aufmerksamkeit übrig für die Literatur als
soziale Funktion. Sie bildete das Hauptornament des geistigen
Daseins, ein edles Vergnügen; sie blieb in hohem Maß verknüpft
mit allem, was Fest und Feierlichkeit war. Wie groß war denn der
Teil der Literatur, der nicht entstanden wäre als Huldigung,
Feier, Einweihung oder Gedächtnis, als Lobgedicht, Widmung,
Hochzeitspoem, Grabgedicht?

Ganz anders als mit der Literatur stand es mit der Wissenschaft, oder lieber mit demjenigen Teil der Wissenschaft, der gerade in dieser Zeit als Scientia par excellence sich von der Domäne der Literae endgültig zu trennen begann, mit der Wissenschaft von der Natur. Die Naturforschung hatte ihren Platz in der Gesellschaft noch nicht gefunden. Der Spürer in den Geheimnissen der Natur war noch ein Sonderling, der aufpassen mußte, daß er nicht als Hexenmeister, Alchemist oder Quacksalber betrachtet wurde. Seine Arbeit stand für die öffentliche Meinung noch auf der Grenze von allerlei verwerflichen Funktionen: tadelnswerte Neugier, unnütze Zerstreuung, schnöde Goldgier; im besten Fall wurde diese Arbeit gewertet als ein nützliches Streben zur Verbesserung von Werkzeugen und von Mitteln zum Nutzen der allgemeinen Wohlfahrt. Eine tägliche Wirksamkeit, geschweige denn ein Beruf war diese Wissenschaft noch nicht. Bei all dem fanden Stevin, Snellius, Leeuwenhoek, Swammerdam ihren Weg und zuweilen auch ihre Anerkennung. *Einmal* wenigstens fiel das Genie zusammen mit einer sozialen Position, die zum vornherein Ansehen, Anerkennung und ein unbesorgtes Leben verbürgte: in Christian Huygens.

Neben Constantin steht der Sohn, der ihn so weit übertreffen sollte, wie eine Figur aus einer andern Zeit – auch wenn sein Vater ihm nur acht Jahre im Tod vorangegangen ist – und aus einem andern Geist. Der Gegensatz wird noch vergrößert durch die Verschiedenheit der Lebensläufe: Christian, der Unverheiratete und Amtslose, früh mutterlos und vom Vater unterrichtet, Constantin, der bei all seiner Vielgeschäftigkeit aufgeht in seinen Kindern. Eigenschaften, die sie gemein haben, gibt es genug: die Musikalität, der feste Zugriff für das Leben (Christian schliff selbst die Linsen für seine astronomischen Beobachtungen und Entdeckungen), die erstaunliche Vielseitigkeit. Denn auch Christian war ein nach allen Seiten hin Hochbegabter: ein guter Latinist, der neben seiner Mathematik seine Jurisprudenz studiert hatte; er zeichnete das Porträt, das von Cornelis Visscher gestochen, in Constantins *Korenbloemen* prangt, die im selben Jahr und beim selben Verleger Adriaan Vlacq erschienen wie Christians *Horologium*. Könnte ich tiefer in Christians Geist eindringen, als ein einseitig historisch geschulter Blick es mir erlaubt, es ließen sich – so dünkt mich – zahlreiche schlagende Übereinstimmungen nachweisen zwischen dem Sohn, in dem der langjährige Aufenthalt in Frankreich den Niederländer nicht ausgelöscht hatte, dem Vater und dem Großvater, Eigenschaften, welche die vererbte Begabung dreier Generationen in diesem ausnehmend fein ausgestatteten Geschlecht ins hellste Licht rükken würden. Aber in dieser kurzen Skizze ist es uns nicht gestattet, mehr zu tun als nur eben das Bild von Christian Huygens aufleuchten zu lassen als die glänzende Verkörperung eines Lebens reiner Wissenschaft in einer Zeit, die den Begriff Wissenschaft, so wie er uns vertraut ist, eigentlich noch kaum kannte.

Vieles muß in unsrer Skizze auch ganz unberührt bleiben, das doch in der charakteristischen Kultur unsres Zeitabschnittes einen sehr wesentlichen Platz eingenommen hat. Man möchte hier auf dem gesamten Gebiet der Technik auf Einzelheiten eintreten können: auf unsre Mühlen, unsre Deiche, unsre Festungen. Man möchte über den Schiffsbau sprechen, über Nicolaas Witsen und Cornelius van Yk, über unsre Reisenden und Entdecker. Man möchte den täglichen Gang von Rechtsprechung und Verwaltung beschreiben. Des weiteren dürfte jenes merkwürdige Kapitel über unsre früh entwickelte soziale Fürsorge nicht fehlen: das System unsrer Spinn- und Raspelhäuser, unsrer Waisenhäuser, das noch ganz aus dem System der christlichen Liebestätigkeit heraus gedacht war und mit dem die Republik den meisten andern Ländern voraus war, so rauh und mangelhaft es uns auch erscheinen mag.

Schließlich die schlimmsten von allen Lücken: hier soll geschwiegen werden von der Philosophie im Jahrhundert und im Lande Spinozas und von der Musik in Sweelincks Zeit. Um dem Vorsatz einer Überarbeitung der in der Vorrede genannten drei Vorträge treu zu bleiben, beschränken wir uns nun auf einige Bemerkungen zur bildenden Kunst.[1]

---

[1] Vgl. unten p. 154 ff. dieser deutschen Ausgabe (Anm. d. Übers.).

V

Die bildende Kunst unsres siebzehnten Jahrhunderts bedarf vielleicht weniger eines Kommentars als irgendeine andere unter den Äußerungen seiner Kultur. Wir stehen ja täglich im Umgang mit ihr, mit Malerei und Graphik, Architektur und Skulptur, so daß es scheinen könnte, als hätte sie, abgesehen von den vielen kunsthistorischen Einzelheiten, eigentlich kein Geheimnis mehr für uns. Was gibt es da in der knappen Folge einiger Seiten eigentlich noch über sie zu sagen? Vielleicht eher einiges in der Form von Fragen als in derjenigen positiver Mitteilungen.

Wir haben oben vom Zusammenhang zwischen der vorwiegend städtischen und bürgerlichen Struktur der niederländischen Gesellschaft dieses Jahrhunderts und von der unverhältnismäßigen Präponderanz der Malerei über die andern Künste gesprochen. Diese Malerei fand im Reichtum und in der Lebenslust der gutsituierten Bürgerkreise ihr Daseinsrecht; in diesen Kreisen fand sie ihre Inspiration, ihre Beschützer und ihre Auftraggeber. Es waren keine großen Mäzene, aber eine unbegrenzte Zahl von Kunstliebhabern. Das Gemälde hing überall: im Rathaus, in der Schützengesellschaft, im Kontor, im kleinen Salon des Patrizierhauses und in der guten Stube des Bürgerhauses, nur in der Kirche nicht.

Was hat das wohlhabende und gebildete Bürgertum, der Kaufmann, der Advokat, der Beamte von der Kunst verlangt und in der Kunst gesehen? Was ist, mit andern Worten, die soziale und die ästhetische Funktion dieser Kunst gewesen? – Niemand wird daran denken, hier die Antwort zu geben: Befriedigung eines Durstes nach Schönheit. Es wäre ein Anachronismus, ein bewußtes Schönheitsbedürfnis als Triebfeder der Malerei in die Geister des siebzehnten Jahrhunderts zu projizieren. Man würde damit das ganze achtzehnte und neunzehnte Jahrhundert *vor* das siebzehnte stellen, wenn man eine Entwicklung von Schönheits- und Naturgefühl als gegeben annehmen wollte, die in Wirklichkeit erst das Produkt des Kulturwachstums zweier folgender Jahrhunderte gewesen ist. Man kann sich die Gedanken von Rembrandts Zeitgenossen über Kunst im allgemeinen, wenn man das Auge des Fachmannes für sein Métier ausnimmt, schwerlich zu primitiv vorstellen. Da war natürlich die unmittelbare Freude an Farbe und Linie, das Erbe einer jahrhundertealten Lust am Verzieren. Im Mittelalter bemalte man alles, wofür man nur Farbe fand, und im siebzehnten Jahrhundert war diese Sucht nach dem Vielfarbigen noch nicht verloren. Erst vor vierzig oder fünfzig Jahren meinte jedermann, Achtung für die Forderungen von Kunst und Schönheit zu beweisen, wenn er die bunten Steinbilder, die unsre alten Gebäude an Pforte und Giebel zierten, sorgfältig ihrer Farbe entkleidete und sie in der Nacktheit ihres Sand- oder Hartsteins zeigte, wie man auch meinte, der Städteschönheit zu dienen, indem man die reizvollen Anbauten kleiner Häuschen rund um die alten Kirchen herum wegbrach. Jetzt weiß man es seit langem besser. All diese Jahrhunderte haben Farbe angestrichen, wo sie nur halten wollte; ja sogar im Mittelalter hat man Säulen und Mauern mit Kalk beworfen. Der Respekt vor dem Backstein kann zu weit gehen und unhistorisch werden.

Diese angeborene Lust an der Farbigkeit ist indessen als Faktor zur Erklärung für das besondere Wachstum der niederländischen Malerei natürlich nicht hinreichend. Eine wesentlichere Eigenschaft war das intensive Behagen an den Dingen in ihrer äußeren Gestalt, jener unerschütterte Glaube an die Wirklichkeit und Wichtigkeit all des Irdischen, der im Umkreis jeder Art von philosophischem Realismus all unsern Geistern des siebzehnten Jahrhunderts einfach als Lebenslust und Interesse für die Dinge im Bewußtsein lag.

All die Ästhetiker, die früher oder später die holländische Malerei geschmäht oder geringgeschätzt haben und all diejenigen, die – ob es nun das siebzehnte Jahrhundert galt oder welche andere Kunstperiode immer – das reine Abbilden der sichtbaren Gestalt von Mensch, Ding oder Natur für ein bloßes Kopieren und nichts weiter gehalten haben, sie haben die Bedeutung des Wortes abbilden und den Wert des Abbildens an sich nicht begriffen. Das mit der Hand gemachte Abbild von was immer es sei, ist stets viel mehr als eine bloße Wiedergabe, es ist immer das Ausdrücken eines Wesens, das hinter der äußeren Form liegt und das nicht in Worten gerinnen kann.

Die Geister unsres siebzehnten Jahrhunderts müssen einen wahren Hunger und Durst nach der Abbildung gehabt haben. Kein Gegenstand ihrer Umgebung war ihnen zu gering, als daß sie nicht der Abbildung davon all ihre Kunstfertigkeit und ihren Fleiß gewidmet hätten. Neben der direkten Abbildung von Landschaft, Gebäude, Hausrat, Mensch oder Tier stand noch der Schatz von Figuren aus ihrer Ideenwelt, dargestellt in Allegorie und Emblem. Hier war die Vision der Gegenstände stark gebunden durch Stil und Tradition und die Varietät des Ausdrucks relativ gering. Alles was biblisch oder antik war, trug die Kennzeichen des Zeitstils in der gesamten Darstellung.

Was hat damals der Käufer im Gemälde oder im Stich gesucht? Das ist eine ebenso wichtige Frage wie die, was der Maler oder Zeichner damit zu geben beabsichtigt habe. Sehr im allgemeinen kann die Antwort lauten: man wünschte ein Gemälde zu besitzen, weil es ein Ding wiedergab und einen Sinn ausdrückte, auf den man Wert legte. Man suchte an erster Stelle ein Thema, und dieser Gegenstand sollte gut ausgedrückt sein nach den Normen, nach denen die Zeit ihn zu sehen pflegte. Neben der Ausdrückung des Gegenstandes suchte und schätzte man die Kunstfertigkeit, mit der die Arbeit gemacht war. Man begehrte ein Werk zu besitzen, um daraus Vergnügen zu schöpfen und um es zeigen zu können. Die Wahl des Gegenstandes wurde in vielen Fällen bedingt durch den Platz, an dem zu prangen das Stück bestimmt war. Man darf sich die häusliche Einrichtung in unsrer Blütezeit noch nicht zu raffiniert denken. Die Bestimmung eines besonderen Raumes für jede Tätigkeit: Studierzimmer, Gastzimmer usw. setzte sich erst später durch, wenn auch die Mahlzeit natürlich ihren festen Ort hatte und das Stilleben von Früchten, Wild oder anderen Eßwaren wahrscheinlich in der Regel dort zu Hause war.

Inzwischen bildete sich bei dem ununterbrochenen Strom von Nachfrage und Angebot an Malereien aus dem einfachen Hausbesitz an Gemälden allmählich die Sammlung, das Kabinett, nicht nur bei einzelnen sehr Reichen, sondern auch bei den vielen Wohlhabenden. Damit verschiebt sich die Funktion der Kunst einigermaßen von dem naiven Behagen an der sinnreichen Wiedergabe in der Richtung auf reinere Kunstliebe und Schönheitsgenuß hin. Aber auch beim Sammler darf man sich den Impuls zur Erwerbung des Kunstwerkes noch nicht zu modern vorstellen. Es wird ihm in der Regel eher darauf angekommen sein, eines oder mehrere Stücke von jedem Genre zu besitzen, das ihm behagte, als von jedem Meister, den er bewunderte. Der durchschnittliche Käufer wollte sein Bauernstück besitzen, seine kleinen Landschaften, sein Seestück, seine Allegorie und vor allem natürlich seine Porträts, und dies war ihm wichtiger, als daß er auf einen van Goyen, einen Steen, einen Hals, einen Porcellis aus gewesen wäre. Es gab indessen Ausnahmen, in denen sich eine weiter fortgeschrittene und bereits retrospektive Phase des Kunstgeschmacks geltend machte. Zu einem erstrangigen Kabinett gehörte ein Dürer, ein Holbein, wie die Inventare sie so oft vermelden und in denen die heutige Kunstwissenschaft meist Fälschungen vermutet.

Wenn man die ästhetische Apperzeption eines früheren Geschlechtes ergründen will, läuft man stets Gefahr, seinen modernen Begriffen zu viel Wert beizumessen. Es wäre lächerlich zu meinen, der Zeitgenosse habe nicht die volle Schönheit eines Kunstwerkes genossen und in sich aufgenommen, weil er nicht darüber in etwas geschraubten und gefühlvollen Ausdrücken geschrieben hat. In Worten bewußt wurde ihm nur die vollkommene oder unvollkommene Meisterschaft der Ausführung, das Maß, in dem die Darstellung dem vorgeschriebenen Kanon entsprach, und die Richtigkeit der äußeren Formen, so wie sein Auge sie sah. Über all diese Dinge äußerte er sich lediglich in ganz nüchternen Ausdrücken, was kein Nachteil war. Was die Richtigkeit der natürlichen Formen betrifft: hier stecken schwierige Fragen. Die Älteren unter uns erinnern sich noch, wie erst die Momentphotographie unsre Vorstellung vom rennenden Pferd korrigiert hat (auf eine Weise, die das rennende Pferd künftig für die Kunst unverwendbar machte). Man weiß, wie noch der Maler des neunzehnten Jahrhunderts einen Löwen, einen Affen oder einen Elephanten nicht so abzubilden vermocht hat, daß sie uns naturgetreu vorkommen; demgegenüber steht dann die unvergleichliche Ähnlichkeit der gewöhnlichen Haustiere, zum Beispiel bei einem Adriaan van de Velde.

Noch *ein* Wort zur Bedeutung des Gegenstandes in unsrer Kunst des siebzehnten Jahrhunderts. Der Betrachter von heute muß sich vor der Verleitung hüten, die ihm sein modernes Bewußtsein nahelegt, in der Darstellung des Gegenstandes mehr und etwas anderes zu sehen als der Künstler beabsichtigt haben

17. Johannes Vermeer (1622-1675)
Maler in seinem Atelier
Wien, Kunsthistorisches Museum

18. Hercules Seghers (1589-1638)
Stadtprofil mit zwei Türmen
Amsterdam, Rijksmuseum

19. Rembrandt van Rijn (1606-1669)
Mahl und Eid des Claudius Civilis
Stockholm, Nationalmuseum

20. *Willem Pieterszoon Buytewech (circa 1592-1624)*
Titelkupfer zu Gerbrand
Adriaenszoon Bredero: Alle de Spelen

21. J. A. Beerstraten (1622-1666)
Das Schloß von Muiden
London, National Gallery

22. C. I. Visscher (1587-1660)
Synode von Dordrecht, 13. November 1618
Amsterdam, Rijksprentenkabinett

23. Emanuel de Witte (1617-1692)
Kircheninterieur (St. Bavo zu Haarlem?)
Rotterdam, Museum Boymans

24. *Rembrandt van Rijn (1606-1669)*
Westertoren zu Amsterdam
Amsterdam, Stedelijk Museum (Fodor)

kann. Die Zeit liegt glücklicherweise bereits wieder hinter uns, da einige Literaten bereit waren, uns hinter jedem Breughel, Jan Steen und Adriaan Brouwer die Tragik Dostojewskis zu enthüllen. Uns steht vielleicht das Thema oder die Art der Darstellung zuweilen im Weg, wenn wir die Schönheit des Kunstwerks voll genießen sollen. Dieses ganze Element grober Satire oder platter Lustigkeit hat für uns seinen Zauber verloren, aber um dies alles zu verstehen in dem Zusammenhang, in dem wir es hier betrachten: als Äußerungen der Kultur unsrer Vorväter, muß man sich in die Unbefangenheit und Grobheit ihres Geistes und Geschmacks versetzen können.

Ein Teil des Sinnes dieser Kunst wird uns immer entgehen. Sie steckt voll von verdeckten Hinweisen und Anspielungen, die wir auch mit dem genauesten Studium nicht alle enträtseln können. Im Blumenstück liegt hinter jeder Blume ein Sinnbild. Im Stilleben enthält jeder Gegenstand neben seiner natürlichen auch eine emblematische Bedeutung. Dasselbe gilt bis zu einem gewissen nicht aufzuspürenden Grade vom Markthändler, von dem Boten, der einen Brief bringt, von der musizierenden Gesellschaft, wie sie unsre Maler- oder Stecherkunst so gerne zum Thema wählt.

Die gesellschaftliche Funktion dieser Malerei: dies heißt ihre überwiegende Verwendung als häuslicher Schmuck in einem bürgerlichen Milieu, hat sie notwendigerweise an beschränkte Maße gebunden. Auch wo sie zu Zwecken der Schaustellung und der öffentlichen Repräsentation diente: in den Regentenstücken, den Schützenstücken, den Gemälden des Seekampfes, erhob sie sich nur ausnahmsweise zum Monumentalen. Die Sphäre, in der sie blühte, forderte von ihr weder ungewöhnliche Maße noch ungewöhnliche Phantasie. Soll man es beklagen, daß das Feuer des Rubens nicht von ihr verlangt wurde? Ist kostbare Phantasie verkümmert, weil sie auf keine Nachfrage stieß? Es gab hier keine erneuerte katholische Kirchenkunst, die dem Maler die Möglichkeit für eine Tätigkeit eröffnet hätte, wie sie Rubens ausübte. Weil die Gelegenheit zu einer Entfaltung in der Richtung des grandiosen späteren Barocks fehlte, blieb ein ganzes Feld potentieller Phantasie brach liegen und blieb der große Stil des Jahrhunderts selbst für unsre Kunst unzugänglich. Es war kein Platz vorhanden für die immer höher hinaufgetriebene Pracht, Repräsentation, Feierlichkeit und Majestät, noch für den leidenschaftlichen Ausdruck innig geschauter Heiligkeit und eines erlebten Mysteriums. Alle Ausdruckskraft ging auf in der intimen Suggestion einfacher Wirklichkeit und im verträumten Anblick stiller Fernen. Zu beinah allen wesentlichen Eigenschaften des späteren Barocks, zum majestätischen Schwung, zur hochtrabenden Würde, zur großen theatralischen Geste, zum lauten Akzent – stand diese Kunst in einem fernen Abstand, wie eine liebliche Provinz abseits vom Wogen des zentralen Lebens.

Treiben wir indessen derartige Betrachtungen nicht zu weit. Sie führen stets zurück zur Verneinung ihrer selbst. Auch wenn wir Claude, Murillo, Ribera und den Italienern noch so fern stehen, es gibt Berührungen genug mit dem, was die andern Länder hervorgebracht haben: eine enge Verwandtschaft mit Le Nain und De la Tour zum Beispiel, um von den Affinitäten zwischen Velazquez und Frans Hals noch zu schweigen. Wenn wir in diesem kurzen Überblick die Malerei als ein Element der niederländischen Kultur sprechen lassen wollen, müssen wir von allem kunsthistorischen Tiefsinn absehen und uns auf einige auf der Hand liegende Tatbestände beschränken. Der Maler hatte in der Regel die gewöhnlichen Dinge des täglichen Lebens abzubilden. Mag sie auch nicht der Tendenz nach protestantisch gewesen sein, sondern nur für ein vorwiegend protestantisches

Milieu gearbeitet haben, so fand doch diese Malerei für die Heiligenfiguren und zugleich für alle liturgischen Vorstellungen keine Verwendung. So breit der Platz war, den die Mythologie im Literarischen einnahm, so paßte sie doch wenig in das Wohnhaus des Kaufmanns. Als Allegorie fand sie, zusammen mit der antiken Historie, noch einige Verwendung im Rathaus oder im Gerichtsgebäude; aber der inspirierende Faktor wurde sie nie. Das Gemälde biblischen Inhalts sollte eigentlich nach unsrer Erwartung viel stärker vertreten sein, als es der Fall ist. Auch für eine protestantische Kirchenkunst blieb ja Stoff genug übrig, namentlich im Alten Testament. Trotzdem bleiben echt kirchliche Stücke wie diejenigen von Barend Fabritius die große Ausnahme. Einzig Rembrandt und seine Schüler fanden den Weg zur Heiligen Schrift. War es die calvinistische Strenge oder eine Überbetonung des zweiten Gebotes, das die Kunst von der Darstellung der Dinge des Glaubens zurückhielt? Oder war es nicht doch eher ein Mangel an schöpferischer Vorstellungskraft? Oder am Ende etwa eine fromme Scheu, ein im Glauben selbst wurzelndes Bewußtsein, daß man diesen Themen doch nicht ganz gerecht zu werden vermöge? – Eine Art Kompensation suchte der Maler, indem er sich mit großer Vorliebe zum Abbilden der Kirchen selbst wandte, der Kirchen in ihrer äußeren Gestalt, von innen und von außen. Pieter Saenredam und Emanuel de Witte gehören zu den Unentbehrlichsten unter unsern Malern.

Man kann es schwerlich leugnen, daß der Protestantismus durch die Beschränkung der darzustellenden Themen, die er zur Folge hatte, Fähigkeiten, die ein früheres Jahrhundert auch hierzulande noch gekannt hatte, die aber jetzt in der Tradition keinen Halt mehr fanden, hat verkümmern lassen. Wo kein Bedürfnis nach einem ornamentalen Stil mehr bestand, starb etwas ab, was ein Jan van Scorel und ein Maarten van Heemskerk noch gekonnt hatten. Das ideologische Moment verschwand aus unsrer Kunst beinah ganz. Ob dies ein Nachteil gewesen sei, ist eine Frage, die wir hier auf sich beruhen lassen.

Es ist fast allzu naheliegend, in bezug auf die holländische Malerei des siebzehnten Jahrhunderts von Realismus zu sprechen. Was meint man mit Realismus in der Kunst? Ist es die Absicht, die äußere Gestalt der Dinge in Farbe und Linie so wahr wie möglich wiederzugeben? – Doch dies ist kein -ismus, dies ist lediglich eine Frage von gutem und ehrlichem Handwerk, von der «probité de l'art», wie Ingres es nannte, und diese Absicht haben alle gesunden Kunstepochen gehabt, auch wenn das Resultat so verschieden ausgefallen ist wie Ägypten hier, China dort und drüben der moderne Impressionismus. Der Unterschied liegt lediglich darin, daß Wahrheit oder Naturtreue und Genauigkeit oder Wiedergabe des Einzelnen in der Abbildung Begriffe sind, die sich nicht vollkommen decken. Unsre Maler selbst berührten solche Grundfragen von Wahrheit oder Wirklichkeit nicht. Indem sie so arbeiteten, wie sie es taten, sprachen sie keinerlei Urteil aus über Natur, Wirklichkeit oder das Wesen der Dinge. Dazu waren sie zu ungelehrt, zu unbefangen, zu wenig akademisch; sie waren Leute, die ihr Handwerk ungewöhnlich gut verstanden, die kaum wußten, was Stil bedeute, die malten, wie sie es konnten, wie es bereits ihr alter Meister, Jan van Eyck, sich als Devise gewählt hatte: *als ic can*. Wollten sie dann vielleicht den «Sinn» des «Lebens» geben? Ja, wenn man es so ausdrücken will, aber eigentlich malten sie nicht deswegen. Sie umkleideten dieses Leben mit wenig Phantasie, aber mit viel Mysterium, so wie es eben ist. Realisten im philosophischen Sinn des Wortes, ja, das waren sie, aber ohne daß sie es wußten: Realisten also im einzigen Sinn, in dem man das Wort brauchen sollte, das heißt Leute, die fest überzeugt sind von der völligen

Wirklichkeit all des Bestehenden und jeden Dinges im Besonderen. So viel über Realismus.

Wer bei der Betrachtung unsrer Malerei im siebzehnten Jahrhundert vom Einfachen zum Komplizierten fortschreiten will, muß von Frans Hals sprechen, bevor er von Rembrandt spricht, was übrigens schon das Handbüchlein der Lebensdaten nahelegt. Bei Frans Hals ist alles spontan, nichts überlegt und absichtlich, nichts gelehrt oder gesucht. Wer Frans Hals vor den Pinsel kam, durfte sein hübschestes Kleid anziehen und seine teuerste Halskrause umlegen, aber seine Eitelkeit mußte er besser zu Hause lassen. Selbst der Junker von Heythuysen kam nicht besser weg, als er es verdiente. Hals gab sich keine Mühe, diesen biederen runden Bürgern die Allüren eines Helden oder eines Edelmanns zu geben. Mit den von Hals Dargestellten verbinden wir gern die Vorstellung eines kräftigen und gesunden Äußeren. Sieht man genauer zu, so gibt es bei ihm auch allerlei kränkliche Figuren und auch zerfallene Typen. Außer dem Gesicht ist alles Eleganz, Schwung, ungezwungene Haltung. Es bleibt eines der Wunder der Kunst, wie der beinah achtzigjährige Frans Hals den Regentinnen des Altmännerhauses von Haarlem, diesen alten kleinen Damen mit ihren verlebten alltäglichen Gesichtchen, ein Leben von Jahrhunderten zu schenken vermocht hat, mit dem sie, auch wenn wir vielleicht nicht einmal ihren Namen und nichts von ihrem Tun und Lassen wissen, ebenso fest und so allbekannt in der Historie stehen wie ein Fürst oder ein Dichter. Man spreche uns nicht von Psychologie. Man sage doch nicht, daß der Maler ihre Seele ergründet habe: er dachte nicht daran. Aber seine Vision und seine Hand waren mächtiger, als er selbst es je gewußt hat oder hat wissen können, und er schuf hier ein Poem, aus dem eine ganze geschichtliche Periode und ein ganzes

Volk sprach. Diesmal hatte er etwas gemacht, was Velazquez nicht gekonnt hätte.

Wir nahmen uns ausdrücklich vor, die Flamen auf der Seite zu lassen, lediglich weil die Aufgabe, den Süden mit in seine Skizze einzubeziehen, dem Verfasser zu schwer vorgekommen wäre. Nur *ein* Wort drängt sich hier indessen auf, um Frans Hals einen Augenblick Van Dyck gegenüber zu stellen. Denn beinah alles, was einst diesem Meister einen Platz angewiesen hat, der weit oberhalb von Frans Hals lag, stellte für uns gerade den holländischen Charakter von Hals ins hellste Licht: auf der Seite van Dycks die Vornehmheit, die bei uns nicht zu Hause war, die Grazie, die Virtuosität, das Raffinement und die Distinktion, die nach drei Jahrhunderten vielleicht etwas von ihrem Zauber verloren haben, während die derbe Natürlichkeit und die ehrliche Einfachheit von Hals sogar auf den Fremden, der unser Land und unser Volk nicht voll verstehen kann, immer noch wirkt und als das Höhere empfunden wird.

Was soll man hier sagen über Jan Vermeer von Delft? Er ist einer der Meister, die alle Fachausdrücke ihrer Kraft berauben und die Kunstwissenschaft aus dem Konzept bringen. Bleiben wir so einfach wie möglich. Vermeer malte, oberflächlich betrachtet, gerade so, wie es seine zahllosen Kunstkameraden auch taten, nichts anderes als die Außenseite des täglichen Lebens. Warum hat er es – soviel man weiß – beinah nie mit dem Porträt versucht? Doch gewiß nicht, weil er das Wesen seiner Gegenstände nicht tief genug ergründet hätte. Er gibt einen Menschen, mit Vorliebe eine Frau, in einer denkbar einfachen Handlung, in einer nüchternen, aber mit liebevoller Sorgfalt gemalten Umgebung, beim Lesen eines Briefs, beim Ausschenken einer Milchkanne, beim Warten auf ein Schiff. Alle diese unbedeutenden Figuren scheinen weit aus der gewöhnlichen Wirklichkeit entrückt zu sein in eine Sphäre von Klarheit und Harmonie, wo das Wort nicht mehr klingt und der Gedanke keine Form annimmt. Ihr Tun ist voll Geheimnis, wie man in einem Traum wahrzunehmen glaubt. Das Wort Realismus wäre hier ebenso angebracht wie eine Zange zum Fangen eines Ferkels. Es ist alles voll von unvergleichlichem poetischen Gehalt. Sieht man genauer zu, so sind es auch keine holländischen kleinen Frauen aus dem Jahr Sechzehnhundertsoundsoviel, sondern Gestalten aus einer elegischen Traumwelt, voll Ruhe und Frieden. Sie tragen auch nicht das Kostüm der Zeit, sondern dasjenige der Vision; es ist eine Symphonie in Blau und Grün und Gelb. Helles frisches Rot kannte Vermeer nur selten. Sogar jene wunderbare und triumphierende Malerei, die früher in der Sammlung Czernin in Wien zu sehen war, – der Maler vor seiner Staffelei – ist im Ton weder laut noch lebhaft. Vielleicht klingt es zu kühn, wenn ich meine, daß Vermeer gerade dort, wo er ein sehr bestimmtes Geschehen von hoher Weihe zur Darstellung bringt, nämlich in den Emmausgängern, nach meinem Urteil doch eigentlich nicht ins Schwarze trifft. Es ist nicht ein evangelisches Geschehen, was hier erzählt wird. Der Gegenstand ist lediglich ein Anlaß, seinen Farbensinn spielen zu lassen. Vermeer bleibt mit all seinen von der allgemeinen Art abweichenden Qualitäten doch echt holländisch, weil er keine These hat, keine Idee und im strikten Sinn des Wortes auch keinen Stil.

Um der Landschaftsmalerei gerecht zu werden, muß man die voneinander abweichenden Richtungen gut unterscheiden. Da gibt es eine Landschaft, die in hohem Maße Regeln der Komposition befolgt, und hier eine andere, der jede Theorie, jede absichtliche Anordnung fremd zu sein scheint. Das niederländische Landschaftsstück ist nach unsrem Geschmack, der von demjenigen Goethes sehr verschieden ist, – wenn Goethe Ruisdaels Judenkirchhof bewunderte, – dann am besten dran, wenn der Maler seinen Gegenstand im Nicht-Malerischen sucht, wie es van Goyen tat mit seinen kahlen Ufern des Haarlemermeers und mit seinen breiten rauschenden Strömen, oder Lambert Doomer, Janson van Keulen und vor allem Hercules Seghers. Das Fehlen einer Theorie oder einer Ableitung aus einem Stilprinzip, die naive Hingabe an das Handwerk läßt den Landschaftsmaler unvermutete Möglichkeiten entdecken, indem er einfach der unwiderstehlichen Geschicklichkeit seiner Hand folgt. Die Wiedergabe eines weiten Raumes und diffusen Lichts kam nicht aus irgendeiner Schule her. Die Gegenstände stehen entweder scharf markiert in der Landschaft, jeder mit seinem eigenen Gewicht, *oder* sie gehen alle auf in der Atmosphäre des Ganzen. Die Maler gaben ihr Bestes, wenn sie, ohne großen Stil malen zu wollen, sich lediglich ihrer unerhörten Geschicklichkeit im Abbilden des Alltäglichen hingaben, in dem sie Schätze der Schönheit fanden, die ihnen selbst kaum bewußt waren. Man könnte hier von einem pikturalen «laisser aller» sprechen.

In dieser Wahlfreiheit, die so wohltätig auf die Kunst gewirkt hat, trug zweifellos auch die Bildung und Erziehung des niederländischen Malers bei. Es waren nur Vereinzelte, die nach Italien zogen und dort in der Plunderecke eines typischen Künstlermilieus mit all seinen Konventionen durchwegs sich nicht zu den Besten entwickelten. Hier in der Heimat fanden sie weder Bohême noch Akademie, sondern sie lernten ihr Fach in einer der mannigfaltigen Malerwerkstätten, die über die Städte des Gemeinwesens, namentlich Hollands, verstreut waren.

Wenn man eine bestimmte Kunstproduktion als Element einer nationalen Kultur verstehen will, so sind zuweilen die graphischen Künste noch von größerem Gewicht als die Malerei. Vom Aufkommen des Holzschnittes und des Kupferstiches in Europa an, was nicht früher als zu Beginn des fünfzehnten Jahrhunderts geschehen ist, bis hin zur Verbreitung der photographischen Reproduktionstechnik im Dienst von Buch und Tafeldruck ist das graphische Blatt ein Austauschmittel der Kultur gewesen, das in der gesamten Kulturgeschichte kaum seinesgleichen findet. Von Anfang an ist es die ausgesprochen populäre, zu allen Schichten des Volkes dringende Kunst. Neben den vollkommensten technischen Ausführungsarten des siebzehnten und achtzehnten Jahrhunderts wie der Taille douce, dem Mezzo-tinto und der Punktiermanier behaupten sich bis zum Ende hin die primitivsten Produkte von Block und Presse. Das Pfennigblatt kapituliert erst gegenüber der Photographie. Was der Genuß und der Besitz von graphischen Blättern für den Mann des siebzehnten Jahrhunderts bedeutet haben, vermögen wir uns nur noch mit Mühe vorzustellen. In der Graphik fand er sein ganzes tägliches Leben und seine gesamte Umgebung immer wieder ausgedrückt in einer für jedermann zugänglichen Wiedergabe, während die Malerei im allgemeinen auf Privathäuser und öffentliche Gebäude beschränkt war, zu denen nicht jedermann täglich Zutritt hatte.

Das Geschäft der graphischen Kunst gehorchte nun andern Gesetzen als die Malerei. Es blieb viel mehr als diese eine Aufgabe des Handwerks und des Gewerbes. So unerreicht hoch die Kunst des Holzschnitts im sechzehnten Jahrhundert auch gestanden hatte – in den Händen Dürers und Holbeins –, ihre überwiegende Funktion als tägliches Kulturprodukt für die Gemeinschaft erlangt die Graphik doch eigentlich erst mit dem voll entwickelten Kupferstich, für unser Land also mit Goltzius und Jacob de Gheyn, denen alsbald Jan van de Velde und die zahllosen andern folgten. Der Künstler des Grabstichels verfügte über ein vielseitiges Arbeitsfeld. Meist arbeitete er auf Bestellung, sei es daß er für einen Verleger Kalenderblätter machte, oder Serien von Dorf- oder Stadtveduten herstellte, Ansichten von Burgen, Schiffen, Kleidertrachten oder was immer es war. Er arbeitete für Buchillustration, er reproduzierte gemalte Porträts, er lieferte Embleme und Vignetten. Meist steht sein Thema in unmittelbarer Berührung mit seiner täglichen Umgebung; er hatte abzubilden, was er kannte und was er sah. Auch so, wie er es sah? Hier gilt ein kleiner Vorbehalt. Denn so getreu er sich an sein Vorbild hielt bei einem Porträt oder an die Architektur bei einer bestimmten Stadtansicht, sobald man ihm einige Freiheit ließ, zum Beispiel in einer Serie von Monatsbildern Jan van de Veldes, mengt er in all seine brave Naturtreue eine Prise Phantasie oder Romantik und verdirbt zuweilen seine besten Blätter, indem er hinter einer ehrlichen holländischen Landschaft einen Horizont von Bergen auftauchen läßt.

Er folgte in seiner Kunst einer Anzahl von konventionellen Vorschriften, zum Beispiel: eine schwere Baumgruppe im Vordergrund links und Licht und Ferne rechts, oder ähnlichen Kompositionsregeln; aber er behielt trotzdem eine gewisse wohltuende Stillosigkeit, die ihm zuweilen seine glücklichsten Effekte eingab.

Man könnte sich einen Augenblick fragen, – nicht in vollem Ernst, aber als eine Grille von Einfall: was ist eigentlich eher entbehrlich für das Verständnis der niederländischen Kultur im siebzehnten Jahrhundert: die Graphik oder die Literatur?

So eng verwandt Radierkunst und Kupferstich offensichtlich nebeneinander stehen, so verschieden ist doch ihre Funktion und Bedeutung für die Kultur. Der Radierer entzieht sich all den Gebundenheiten und Dienstbarkeiten, die dem Stecher seine Stellung im industriellen Handwerk geben. Doch seien wir vorsichtig. Sobald wir Radierer sagen, denken wir an Rembrandt; aber Roeland Roghman, Simon de Vliegher und vor allem Hercules Seghers zählen auch mit. Trotzdem bleibt es wahr: auch der Radierer arbeitet zwar gelegentlich auf Bestellung, aber in erster Linie doch für sich selbst und für die Kenner. Meist war er selbst in erster Linie Maler. Je ferner er dem Handwerk stand, um so freier konnte er sich ergehen in den endlosen Ressourcen, welche die leichte wilde Nadel ihm bot, und in der Variation jedes einzelnen Abdruckes durch die Verschiedenheit der Ätzungslage. Nirgends sprechen Stilnormen so wenig mit wie in der Radierung. Hier hat der reine Künstlerinstinkt das Wort, noch unmittelbarer als in der Zeichnung. Es ist eine Eigenartigkeit, die keineswegs auf die Zeitspanne und das Land beschränkt ist, von denen wir sprechen, wenn sogar bei den ersten Meistern die Zeichnung uns moderne Betrachter zuweilen inniger berührt als das ausgearbeitete Gemälde. Die Zeichnung scheint uns unmittelbarer aus Herz und Seele geflossen und Form geworden zu sein in der Hand. Diese Eigenschaft ist Zeichnung und Radierung vollkommen gemeinsam. Kommt es *da*her, daß mehr als einer unsrer Maler, ein Ostade, ein Potter, in seinen Radierungen das Höchste gab? Wie dem auch sei, sicher stimmte der Geist der Radierkunst, ein Geist des Sinnens und Träumens, des Sich-Abschließens von der Welt, mit unserm nationalen Temperament besonders gut überein.

Man findet in der Kunst wie in der Literatur aller Zeiten immer wieder dasselbe: für die sehr Großen, auch wenn sie getreu den Regeln ihres Handwerks folgten, gilt die allgemeine Regel nicht. Sie schaffen sie selbst. Bei Rembrandt ist eine Bevorzugung seines Radierwerkes vor seinen Gemälden nicht denkbar. Es wäre doch absurd, ihn einen besseren Zeichner und Radierer als Maler zu nennen. Es hat nun einmal keinen Sinn, ein volles Orchester mit einer einzelnen Geige zu vergleichen. Gegen die *Staalmeesters* oder *Saul und David* oder den *Segen Jacobs* kommt der Gedanke an irgendeine Radierung oder Zeichnung nicht auf, nicht daß diese etwas Geringeres wären, aber sie gehören zu einer andern Weltordnung. Das Allertiefste und Ernsteste, was Rembrandt zu sagen hatte, konnte er nur mit dem Pinsel ausdrücken.

Es stoße sich niemand daran, wenn auf diesen wenigen Seiten nicht versucht wird, Rembrandts Größe noch einmal lebendig sprechen zu lassen, sondern die Aufmerksamkeit eher auf die Grenzen von Rembrandts Genie gerichtet wird, auf dasjenige, was er nicht gekonnt hat und was ihm nicht geglückt ist. Sobald man die Frage auf diese Seite wendet, steht *eine* Antwort fest: im Hinblick auf das Werk der Radierungen und Zeichnungen, auch wenn es unter den letztern bloße Notier-Skizzen gibt, wäre es Torheit, von einem Nicht-Können oder Nicht-Glücken zu sprechen. Wenn bei Rembrandt von Mängeln die Rede sein soll, dann liegen sie im gemalten, nicht im graphischen Werk. Man kann den Begriff «Mängel», auf Rembrandt angewandt, schulmeisterlich finden, oder man kann es ein Sichvergreifen am nationalen Ruhm betrachten, davon zu sprechen. Dies hebt nicht auf, daß es von Interesse sein kann, zu bestimmen, was man darunter verstehen müßte. Dies um so mehr, als es sich hier nicht um eine Würdigung von Rembrandts Kunst an sich oder seiner Gestalt als eines unter Niederlands Größten handelt, sondern um einen Blick auf ihn als einen Vertreter unsrer vaterländischen Kultur. Seine Stellung in dieser Kultur wird ebensosehr durch seine schwächeren wie durch seine stärksten Qualitäten bestimmt.

Rembrandt ist sein Leben lang der Idee nachgegangen, eine andere Welt, eine andere Form des Lebens wiederzugeben als diejenige, in der sein tägliches Dasein verlief: das bürgerliche Zusammenleben der niederländischen Republik. Es hat lange gedauert, bis die Kunstwissenschaft sich von dieser Tatsache genug Rechenschaft gab. Immer wieder pflegte man von *Selbstporträt, Porträt Saskias, Dem Maler und seiner Frau*, von *Hendrickje Stoffels* zu sprechen in all jenen Fällen, in denen er lediglich die Personen seiner nächsten Umgebung mit den Kleidern seines Traums ausstaffiert hat, nicht um ein gutes Konterfei, sondern um ein schönes Bild zu schaffen, ein Gemälde, das etwas von den Sphären verriet, in denen sein Geist sich erging. Diese Halsschnüre und goldenen Ketten, diese Federhüte, diese lose fallenden Haare, diese Buntheit: es ist nicht die Tracht seiner Zeit, es ist ein Phantasiekostüm mit einzelnen Motiven aus einer Kleidertracht vergangener Zeit und fremder Länder, eine Flucht aus dem Heute in die Welt seiner Vorstellung, in das üppig Schöne und entschieden Erhabene, dem er immer wieder Form zu geben versucht. Aber glückt es ihm vollkommen, das zu erreichen, dem er nachhängt? Führt er mit seiner Vision tatsächlich in ein Land des Traumes, das nun dank ihm in Stil und fester Form für immer in unsrer Gedankenwelt stünde? Oder verfehlt hier doch schließlich die Phantasie ihr Ziel und bleiben jene Phantasiefiguren nicht doch über einer Grenze schweben zwischen dem Erhabenen und dem Banalen, wofür man doch lieber die echte holländische Wirklichkeit gehabt hätte? Der beinah plumpe Schwung der *Saskia* in Kassel oder des *Rembrandt und Saskia* in Dresden sticht doch eigentlich fast peinlich ab sowohl von dem, was Rembrandt in seinen echten Bildnissen auszudrücken verstanden hat als auch von einer Figur des Frans Hals. Denn in diese Halb-Phantasien legt der Maler – seien wir offen – nichts von der unaussprechlichen Tiefe, die er aus der Wiedergabe des Evangeliums zu schöpfen verstand.

Einzelne unter seinen Gemälden nach dem Alten Testament scheinen teil zu haben an dieser Qualität, die ich Rembrandts schwächste Seite nennen möchte: seine Vision orientalischer Pracht hat nicht genug Kraft an Formenschönheit oder großem Stil. Man sehe zum Beispiel seinen *David und Absolom*, früher in der Ermitage: David mit seinem Sonntagsturban, Absalom mit seinem Schwert aus der Scharadenkiste.

Es klingt wie eine Entweihung, aber ich finde etwas von diesem Mangel an Serenität auch in der *Nachtwache*. Alle Schätze von Licht und Farbe und wunderbarer Erfindung bringen mich nicht weg von dem Gefühl, Rembrandt habe hier etwas Größeres gewollt, als er zu schaffen vermocht habe.

Einmal sollte er sich im vollkommen Heroischen zu beweisen haben. Denn die Mahlzeit und der Eid des Claudius Civilis war als Gegenstand noch etwas ganz anderes als der Auszug des Schützenfähnleins von Frans Banning Cocq. Der batavische Aufstand gegen Rom, der in jenem Eid kulminierte, galt für das Niederland des siebzehnten Jahrhunderts als die Geburt der Nation, und dies darzustellen für das neue Rathaus zu Amsterdam, war wahrhaftig der größte Auftrag, der dem großen Maler des Landes zuteil werden konnte. Und Rembrandt gab in seinem Entwurf das Größte, was sein Geist empfangen hatte, und sofern es ihm gelang, seine Konzeption wiederzugeben, übertraf er sein Schützenfähnlein: im schweren Ernst der heroischen Darstellung, in der Größe des Stils, der keinem andern der lebenden oder vergangenen Stile glich. Aber die Herren von Amsterdam verwarfen das Werk; das große Bild wurde nicht vollendet; das Fragment mit der Hauptdarstellung geriet nach Stockholm, und so war an Rembrandt die Tragik des Genies so bitter und so hart bewahrheitet wie nur je zuvor.

Falls es stimmt, daß die Grenzen von Rembrandts Genie auf

der Seite des großen Stils zu suchen sind, auf der Seite des Strebens nach dem Monumentalen und dem Klassisch-Harmonischen, dann liegt es auf der Hand, daß von einem Mißlingen in den Radierungen keine Rede sein wird. Hier ging es nicht um das Monumentale oder um den großen Stil; hier konnte er seinem eigenen Temperament und seiner spontanen Erfindung frei die Zügel schießen lassen. Auch wenn er sich hier nicht absichtlich losmachte von allem, was ihm Tradition oder Stilnorm aufzulegen schienen, in weitaus den meisten seiner Radierungen ergab er sich frei der Zaubermacht des Procédé, und aus den Tiefen seines unergründlichen Genies schöpfte er jenen völlig einfachen und vollkommen überzeugenden Ausdruck des Mysteriums, das hinter allen Dingen liegt, durch seine flüchtig gezogenen Linien von ein paar menschlichen Figürchen in einer simplen Umgebung von Gebäude oder Natur. Dies gilt noch beinah mehr von den Zeichnungen als von den Radierungen; in den Zeichnungen ist er der Natur der Sache nach noch freier und noch mehr er selbst; man darf nur nicht an alle Zeichnungen den Maßstab des vollendeten Kunstwerkes anlegen.

In all den Dingen, die für uns das Tiefste an Rembrandt bedeuten, ist er doch auch das völlig echte Kind seines Landes und seines Volks. Man begreift Rembrandt aus Holland heraus und Holland aus Rembrandt. Bei seinen Darstellungen aus den Evangelien, sei es eine kleine Radierung der Geburt oder der Beschneidung oder ein kleines Gemälde der Emmausgänger, scheint nicht allein die ganze Sphäre des konfessionellen Streits und der dogmatischen Unterschiede, von Rom weg und auf Dordrecht hin, als etwas Unwichtiges wegzufallen, sondern hier verliert auch das gewichtige Wort Barock oder Nicht-Barock all seine Bedeutung. In der ursprünglichen Fassung dieser Skizze, die ich vor etwa zehn Jahren deutsch geschrieben habe, schloß ich die Seiten über Rembrandt mit folgenden Worten: «Die Traumwelt, die Rembrandt suchte, sie gleicht nicht ganz dem Ideal des Barock. Aber sollte sie es nicht seiner Absicht nach? Hat nicht Rembrandt vergebens mit dem Geiste des Barock gerungen, weil die angeborne nationale Schwäche des Formgefühls ihn immer wieder hinabzog in die Beschränktheit des Bürgerlich-Einheimischen? – Oder hat am Ende in der holländischen Malerei und in Rembrandt am meisten eine ewige und allgegenwärtige Schönheit über alle Stilregeln gesiegt? Es wäre der Triumph des ehrlichen Handwerks und des einfachen Herzens.» – So weit meine frühere Fassung. – Heute habe ich Lust zu sagen: Streich diesen ganzen Passus; er gehört nicht zur Sache. Man lasse diesen Begriff des Barock ruhen, solange man ihn nicht unbedingt braucht. Er erhellt in der Regel das Bewußtsein nicht, sondern er vernebelt es.[1]

Sehen wir nun, was auf dem Gebiet der bildenden Künste noch übrig bleibt, um einen Moment den Blick darauf zu richten. – Über die Skulptur können wir nach dem früher bereits Gesagten kurz sein. Die relative Kargheit ihrer Entfaltung wird zum guten Teil bereits erklärt durch das Fehlen der sozialen Voraussetzungen ihrer Entwicklung. Schon die Gestalt des Bodens und dessen, was darauf gebaut wurde, bedingt einigermaßen den geringen Platz der Bildhauerkunst, Platz im rein räumlichen Sinn. Im Polderland ist der feste Boden knapp bemessen und die Städte, die den Werken der Skulptur den angemessenen Raum bieten, sind meist klein und eng gebaut, was natürlich nicht sagen

---

[1] Ich bin mir bewußt, daß meine Auffassung des Begriffs Barock von derjenigen Schmidt-Degeners in seinem vortrefflichen und fesselnden Aufsatz «Rembrandt und der holländische Barock» einigermaßen abweicht (Studien der Bibliothek Warburg IX, 1928).

will, daß eine Stadt mit weiten Plätzen große Skulptur hervorbringe. Der Platz wäre indessen wohl zu finden gewesen; aber es fehlte an Auftraggebern. Die Kunst der Bildhauer kann nur von Aufträgen leben, und dazu braucht es entweder große Kunstbeschützer oder eine zentrale Obrigkeit, die frei über große Mittel verfügt. Keines von beiden kannte unsre Republik. Wir berühren hier einen Umstand, dessen Einfluß sich über ein viel weiteres Feld erstreckt hat als der spezielle Punkt, um den es hier geht, – nämlich die Tatsache, daß hierzulande die öffentlichen Geldmittel nur zu einem kleinen Teil zusammenflossen in den Kassen einer zentralen obrigkeitlichen Gewalt. Das Geld, das man aufbrachte, ging zum größten Teil direkt an die städtischen Verwaltungsorgane; und diejenigen, die darüber verfügten, waren Bürger und Kaufleute, die nur ausnahmsweise zu großen Bestellungen von Kunstwerken geneigt waren. Die Kirchen selbst schieden als Blütegrund für Bildhauerwerk gänzlich aus, und so blieb die Skulptur in bedenklichem Maße angewiesen auf den Familienstolz der angesehenen Geschlechter, der sich zuweilen mit Pietät paarte. Die Kirche wirkte wenigstens mit, wenn es darum ging, ein prunkvolles Grabmal in Ehren zu halten, so daß schließlich die größte Zahl von Skulpturwerken doch noch in den protestantischen Kirchen ihren Platz fand.

Soll man es bloße holländische Nüchternheit und Sparsamkeit nennen, wenn die Stadtregierungen und die spendefreudigen Reichen statt pompöse Skulpturen zu bestellen, Waisenhäuser und Hofjes – Altersheime – stifteten?

Unabhängig von der Frage, ob Boden, Staat und Volkscharakter der Entfaltung einer reichen Bildhauerkunst günstig gewesen seien, könnte man die andere Frage stellen, ob aus demjenigen, was wir an Skulptur des siebzehnten Jahrhunderts besitzen, die besondere Art des niederländischen Volkes deutlich spreche. Im

allgemeinen bietet unter allen Künsten die Skulptur die gering-
sten Möglichkeiten nationaler Sonderung. Je ausgezeichneter
ihre Schöpfungen sind, um so mehr entsprechen sie nicht allein
einer allgemeinen Norm einer bestimmten zeitlichen Periode,
sondern zugleich einem Optimum an Vollendung im Hinblick
auf die so wenig variierende Aufgabe, der sich die Bildhauerkunst immer wieder zu widmen hat, der Darstellung der menschlichen Gestalt. Es wäre leicht genug, mit einigen wohlgewählten
Adjektiven an Hendrik de Keyser und Rombout Verhulst eine
Anzahl echt niederländischer Eigenschaften zu demonstrieren;
aber es hat eigentlich wenig Sinn und wir wollen es lieber bleiben
lassen.

Viel deutlicher läßt sich der Zusammenhang zwischen Kunst
und nationaler Kultur darlegen in der Baukunst. Blickt man auf
die verschiedenen Länder und Völker Europas in der ersten
Hälfte des siebzehnten Jahrhunderts, so zeigt das Bild im allgemeinen schon ein hohes Maß von Nuancierung. Mehr als nur
ein Volk und jedes auf seine besondere Weise durchschreitet in
dieser Epoche einen Höhepunkt seiner Kultur: Spanien mit
Cervantes und Velazquez, mit Lope de Vega und Calderon,
England mit Shakespeare und all den Seinen und mit seiner
Expansion über See, Schweden mit seinem unerwarteten politischen Aufstieg. Unter ihnen allen ist aber die Niederländische
Republik das einzige Land, das in dieser Zeit auf allen Gebieten
zugleich seinen Höhepunkt erreicht: als Staat, als Handelsmacht,
in der Seefahrt und in der Industrie, als Mittelpunkt von Kunst
und Literatur. Die reiche Blüte einer eigenen, sehr besonderen
Baukunst fehlt in all diesem Reichtum nicht. Nirgends spricht
das typisch Niederländische unsrer Kultur für jedermann so
stark wie aus unsrer Baukunst. Sie scheint eben erst mit dem

Staat und der Nation selbst in den Tagen des Freiheitskampfes
geboren. So einfach ist es natürlich nicht: erstens, weil die Baukunst so gut wie jede andere Kulturerscheinung ihre Wurzeln in
einer jahrhundertelangen Vorgeschichte hatte, und sodann, weil
sie in diesem Land von starker regionaler Verschiedenheit überall die Spuren dieser Variation nach Landschafts- und Bodenart
an sich trägt. Das Merkwürdige ist, daß sich in der Spannung
zwischen dem starken flandrischen Einfluß im Süden und dem
reichen, alten niederdeutschen Vorbild in den nordöstlichen Gebieten in so kurzer Zeit ein eigener Typus entwickelt hat, den
man holländisch nennen darf und der sowohl mit dem Süden wie
mit dem sächsischen Gebiet, das in Hanse-Traditionen seinen
Impuls fand, in lebendigem Kontrast steht. Wie unendlich viel
schöner hätte doch unser Land im städtebaulichen Sinn noch
bleiben können, wenn das neunzehnte Jahrhundert nicht so
ruchlos und gefühllos abgerissen hätte, was das achtzehnte vernachlässigt hatte! Wie wenig ist übriggeblieben von jenem älteren nordöstlichen niederdeutschen Typ, der kurz vor 1800 den
Grote Markt in Groningen zum schönsten Platz in diesen Landen
gemacht hat! Die kleinen Städte der Provinz Holland, die frei
hatten aufwachsen dürfen, hatten mit ihrer engen Bauart das
Muster geliefert: das schmale Haus mit dem Treppengiebel. Der
Haustypus stellt die Fortsetzung eines ursprünglichen hölzernen
Hauses dar, das heute bis auf einzelne Reste überall verschwunden ist. Weder das Fachwerk noch das Bauen mit vorspringenden
Oberstockwerken fanden hier Eingang, ebensowenig die Anlage
rund um einen Innenhof. Das Wesen, das die simple Form des
am meisten verwendeten Haustypus bedingt, ist immer wieder
die bürgerliche Einfachheit, die eine Wohnung für eine Familie
ohne zahlreiche dienstbare Geister begehrt. Bei diesem Haustypus blieb für die eigene Erfindung des Baumeisters relativ

wenig zu tun übrig. Nach Ausschmückung von Zimmern oder Treppen mit Innenarchitektur bestand um 1600 noch nicht viel Nachfrage, und die Landhäuser des Adels hielten in der Regel noch an den strengen Formen des spätmittelalterlichen Schlosses fest mit kleinen Fenstern und schweren Mauern, wie man sie noch vor allem in Limburg antrifft.

Was an neuen Gebäuden neben dem bürgerlichen Wohnhaus verlangt wurde, waren weder Paläste noch Kathedralen, sondern Rathäuser, Waisenhäuser, Schützenhäuser, Gewandhäuser, das heißt Lagerhäuser, in einzelnen vornehmen Städten eine Kaufmannsbörse, die Speicher für die großen überseeischen Kompanien, und endlich die zahllosen Landhäuser für den reich gewordenen Handelsstand, der mit seinen Gärten und Waldbesitzungen einen Landstrich nach dem andern zu einem Lustgarten machte. Schließlich waren es auch Kirchen. Wohl blieben überall die alten Kirchgebäude für den neuen Gottesdienst in Gebrauch; sie waren nun, nachdem sie für den so viel dürftigeren und beschränkteren Ritus in manchen Fällen viel zu weit geworden waren, dem Verfall preisgegeben und zuweilen hoffnungslos entstellt. Inzwischen verlangten nun aber auch die neue Frömmigkeit und der neue Wohlstand an zahlreichen Orten eigene, neue Kirchgebäude. Hier fand der Baumeister das würdigste und fruchtbarste Feld für seine schöpferische Kraft. Phantasie und Ursprünglichkeit kamen dabei nicht an erster Stelle in Betracht, sondern eher eine eigene Verarbeitung der gegebenen Motive und Formen und eine eigene Nachahmung der am meisten in Ehre stehenden Traditionen und Vorbilder. Dies alles wies ihn auf die späte Renaissance und auf Italien hin. Aus Italien stammte der Typus des Zentralbaus, mit dem die niederländische protestantische Kirchenbaukunst ein so merkwürdiges Glück gehabt hat, indem sie sich des öfteren von Santa Maria della Salute in Venedig inspirieren ließ: die Marekerk in Leiden, die Oostkerk in Middelburg, die Nieuwe Kerk in Groningen, um nur einige von vielen zu nennen. Würdig und streng, einfach und ernst wurden die fremden Formen in den Geist des niederländischen Calvinismus übertragen. Oder auch wo man nicht das zentrale Schema anwandte: welch eine Pracht und was für ein Schatz echt nationaler Baukunst in der Westerkerk zu Amsterdam, in der Nieuwe Kerk zu Haarlem und in den zahllosen Dorfkirchen, die von ferne den großen Vorbildern nachfolgten, fast immer in reinen Proportionen und einfach in ihrer Schönheit.

Betrachtet man die nicht-kirchliche öffentliche Baukunst, so springt es in die Augen, daß der Baumeister anfänglich nicht viel anderes tat, als daß er auf das öffentliche Gebäude die Prinzipien des Wohnhauses anwandte. In der Ausschmückung des Wohnhausmusters mit den Reichtümern der Renaissance entdeckte er Wunder: ein Lieven de Key, der die Fleischhalle zu Haarlem einfach in der Form des Wohnhauses entwarf, aber alle dekorativen Elemente so glänzend und in so großem Maßstab auf sein Werk zu übertragen verstand, daß dieses unvergleichliche Gebäude die Anmut des Kleinen mit den Proportionen des Großen harmonisch verband. War er es vielleicht, der für Leiden jenes einzigartige Monument des Sieges und des Freiheitsanfanges entworfen hat: die Prunkfassade des Stadthauses, mit der einfach das frühere mittelalterliche Rathaus versteckt wurde hinter einer Front mit vier Ziergiebeln, die eben so fröhlich wie stattlich und trotz all ihrer Ausschmückung mit Inschriften und Dekorationen so ruhig wirkt?

Mit Ausnahme der spärlichen Gebäude größeren Umfangs fand die niederländische Architektur ihre Kraft nicht im Monumentalen. Es bleibt äußerst merkwürdig und einer der stärksten Beweise für die expansive Energie unsrer Nationalität, daß diese

Baukunst zur Aufgabe des Monumentalen aufgerufen wurde außerhalb der Grenzen des Vaterlandes. In Dänemark verlangte man von ihr königliche Schlösser, und die holländischen Baumeister kamen diesem Wunsch nach und bauten ein Schloß nach dem andern in den Proportionen königlicher Majestät, aber mit den Stil- und Verzierungselementen, die eigentlich in der vornehmen Bürgerwohnung zu Hause waren. Man sieht diesen dänischen Schlössern doch ein wenig das Hybride an. Der Dekoration dieser stolzen Giebel fehlt schließlich ein Element der Phantasie. Man hat es hier allzu augenscheinlich mit einem verpflanzten Gewächs zu tun.

Das Element Phantasie ist in der niederländischen Baukunst nirgends so voll zu seinem Recht gekommen wie in den Türmen, die beinah jedes Gebäude, das sich dazu hergab, krönen mußten. Bei den großen Kirchtürmen war – abgesehen von einem Meisterstück wie dem Westertoren – die etwas gesuchte Konstruktion mit Holz, Blei und Kupfer, mit bauchigen Formen und Wespentaille nicht immer gerade glücklich. Namentlich an den Rathäusern ist dieser Bau von Türmen gelungen: zierlich bis ins Kapriziöse, völlig harmonisierend mit dem Glockenspiel, das in ihnen geborgen war, stellten sie gleichsam die Verkörperung von allem dar, was niederländische Volksart an Frohsinn und Leichtigkeit, an Feinheit und Anmut in sich schloß, eine Verwandtschaft mit der Lyrik von Hooft und Vondel. Hier scheint alles zu strahlen, was im Bild unsres siebzehnten Jahrhunderts handfeste Lustigkeit, guter Humor, Vertrauen auf den Tag von morgen bedeutet. Vergleicht man die gleichzeitige italienische Baukunst mit der holländischen, so scheint es beinah, als sei hier der Kontrast der beiden Nationalitäten, wie man ihn gewöhnlich zu sehen pflegt, umgekehrt: im italienischen Seicento Schwere und Düsterkeit, auf der holländischen Seite eine beinah japanische Leichtigkeit.

Trotz der Schnelligkeit, mit der das alte Bild von Stadt und Dorf gegenwärtig verschwindet, um neuen Bauten und der Ausbreitung des bewohnten Bodens – und den Wünschen des herzlosen Verkehrs – Platz zu machen, ist der Anblick unsres siebzehnten Jahrhunderts immer noch am leichtesten und lebendigsten dort zu finden, wo etwas von seiner Architektur erhalten geblieben ist. Doch während vor einem halben Jahrhundert der alte Aspekt von Grachten und Häusern und Straßen noch fast überall unmittelbar vor Augen stand, – damals, als das alte Amsterdam mit all seinen Winkeln noch eben so schön war wie Middelburg und unendlich großartiger, – muß man es jetzt mehr und mehr angestrengt suchen, um es dann zu finden zwischen der Banalität späterer Verwahrlosung und noch späterer Verpfuschung. In seiner architektonischen Schönheit hat auch der Zeitgenosse das Milieu, in dem er lebte, am besten begriffen. Nicht im Sinn einer modernen kunsthistorischen oder kunstliebenden Empfindsamkeit, die sehr jungen Datums ist; sogar bei Potgieter und seinen Zeitgenossen ist sie noch kaum entwickelt gewesen. Das siebzehnte Jahrhundert selbst sah diese Schönheit vollkommen, aber ohne Worte dafür zu suchen. Wie hätten denn sonst so viele der Maler und Zeichner die Stadt- und Dorfansicht geben können mit einer solchen Liebe, mit einer so rührenden Hingabe an den Gegenstand, daß in ihr die peinliche Genauigkeit eines Van der Heyden, eines Berkheyde, eines Beestraten mit der vollendeten Poetisierung des Gegebenen in Vermeers *Ansicht von Delft* treulich zusammengehen? Die helle Sonne dieser Zeit scheint vielleicht nirgends so heiter wie in den Stadtansichten, die uns zuweilen mit Heimweh erfüllen nach dieser Vergangenheit eines gesunden, natürlichen Daseins in einem einfachen Denksystem und in einem festen Glauben.

Der Maler und der Zeichner-Graveur hielten das Eigenste am

Bilde Hollands fest in der Einfalt eines kleinen Sträßchens oder einer kleinen Gracht, in einem gewöhnlichen Bürgerhaus ohne Verfeinerung oder lebhafte Verzierung. Aber der Geist der Zeit schweifte – hier wie überall sonst – nach anderer Schönheit als er vor Augen sah, nach dem Fremdartigen und Erhabenen oder nach dem grillig Romantischen. Von Ruisdael verlangte man nicht so sehr die stille, blonde Dünenlandschaft des Kennemerlandes als den romantischen Effekt mit Felsen und Strom. Auf dieser ewigen Linie des Unbefriedigtseins mit dem Eigenen liegt die Tatsache, daß die typisch holländische Architektur, so neu und so ursprünglich sie auch sein mochte, schon so bald dem angesehenen Bauherrn nicht mehr behagte und so rasch aus der Mode kam. Sie war in einer Vergangenheit zu Hause, die man jetzt als zu gering zu verschmähen begann. Ideale eines edlen und strengen Klassizismus dringen aus Frankreich und aus Italien herein und lenken den Geschmack von der fröhlichen Verzierung in Sand- und Backstein hinweg. Der Treppengiebel befriedigt nicht mehr; er versteckt sich hinter geschwungenen Giebellinien oder wird gänzlich preisgegeben. Seit die Amsterdamer Herrengeschlechter die engen Straßen der Oude Zij verlassen haben, um «an der Gracht» zu wohnen, schmückt sich jener unvergleichliche dreifache Ring mit den Häusern, wie sie Philip Vingboons entwarf, sei es als Einzel- oder als Doppelhaus, sei es aus Hartstein oder aus schwarzem ölgetränktem Backstein, alle mit Kranzgesimsen statt spitzen Giebeln, alle abstammend, sei es auch in einer noch so bescheidenen Nebenlinie, von dem französischen Hôtel oder dem italienischen Palazzo.

Es klingt beinah symbolisch, daß Amsterdam auf dem Gipfelpunkt seines Wohlstandes und seiner Glorie, im Jahr des Friedensschlusses selbst, in der Feststimmung der Leeuwendaler den Auftrag gibt für ein neues Rathaus, und daß dann, noch bevor es vollendet ist, das frühere, mittelalterliche Rathaus bald darauf Platz macht, indem es abbrennt. So erhob sich Van Campens Meisterwerk, das alsbald als das achte Weltwunder gepriesen wurde, von Vondel in einem Festgedicht besungen, das die pompösen Allüren und beinah die Länge eines ganzen Epos zu Ehren der Stadt hat. Und Constantin Huygens dichtete:

> *Van Campen, dien de eer voor eeuwich toe zal hooren,*
> *Van't blinde Nederlands mis-bouwende gesicht*
> *De vuyle Gotsche schel te hebben afgelicht.* [1]

Seltsame Würdigung, wunderliche Einseitigkeit! Meinte Constanter es wirklich so schlimm, daß alles, was in Holland Van Campen vorangegangen war, also Hendrik de Keyser und Lieven de Key und alles, was wir holländische Renaissance nennen, nichts als antiquierte Pfuscherei gewesen sei? – Ich kann es nicht glauben. Denn gerade Huygens war doch im allgemeinen nicht so sehr durch jene Krankheit gezeichnet, die unserer Kultur an mehr als einem Punkt den echt nationalen Stempel nahm: den französischen Klassizismus.

---

[1] Van Campen, den die Ehre ewig zieren wird,
   von Niederlands falschbauend blindem Angesicht
   Die Schell', die gotisch-häßliche, entfernt zu haben.

VI

Mit dieser Bemerkung berühren wir, angeregt durch ein paar Worte über die Architektur, die Frage, mit der wir diese Skizze beschließen wollen: wie ist es zu verstehen, daß diese eigenartige, national-niederländische Blüte der Kultur in ihrem vollen Reichtum nur von so kurzer Dauer hat sein dürfen? Man kann die Frage beiseite schieben mit der Gegenfrage: bleibt denn eine Kulturperiode je lange auf ihrem Höhepunkt? Aber damit ist doch der spezielle Fall der niederländischen Kultur im siebzehnten Jahrhundert nicht erledigt. Welches sind die besonderen Erscheinungen, in denen sich hierzulande der Prozeß des Überreif-Werdens und Ausblühens vollzieht? Oder passen diese Metaphern nicht für den vorliegenden Fall? Suchen wir einen Überblick zu gewinnen.

Sicher scheint es, daß ein Erlahmen der echt nationalen Aspiration und Inspiration sich auf keinem Gebiet so früh und so plötzlich zu erkennen gibt wie auf demjenigen der Baukunst. Sobald die Architektur nach straffen, strengen Formen zu streben beginnt, ist es, als ob etwas verloren gehe von jener Kernkraft und jener Saftigkeit, die uns die Blütezeit so vertraut und so teuer machen. Diese Baukunst konnte innig niederländisch, echt national bleiben, solange die Note fröhlicher Phantasie und origineller Dekorationslust dominierte und sie mehr zum Behaglichen als zum Großartigen hinzog. Begab man sich einmal auf die Suche nach dem großen Stil, so wurde sie unwiderstehlich an- und mitgezogen von dem Vorbild der romanischen Länder, verfiel sie in Nachahmung und verlor sie zum großen Teil ihren nationalen Stempel.

In diesem Zusammenhang müssen wir noch einmal auf eine Frage zurückkommen, die ich eingangs nur eben berührt habe, diejenige nach dem Verhältnis unsres Zeitabschnittes zum Stil des Barock, dieser letztere verstanden in seiner modernen, allgemein historischen, ach so unbestimmten Bedeutung. Die holländische Kultur paßt nicht recht in diesen Begriff – so meinten wir –, auch wenn der Geist sowohl des Grotius wie derjenige Vondels sich in mancher Hinsicht einer späteren Phase des Barocks anzuschließen scheinen. Was uns in der Malerei und in der Baukunst als das am typischsten Niederländische erschien, paßte wenig oder gar nicht in den Begriff des Barocks, sofern dieser auch nur einigermaßen feste Umrisse haben soll. Im Hinblick auf den Großen unter allen Meistern, auf Rembrandt, wagten wir eine kühne Auffassung: Rembrandt strebte nach einem Ausdruck für das Ideal des Barock, aber gerade hierin war ihm das Gelingen am wenigsten beschieden. Falls diese Meinung vertretbar ist, daß sein unvergleichliches Genie gerade im Ausdruck des Zeitstils seine Grenzen gefunden habe, dann gewinnt der Schluß, daß der Barock nicht die Kraft und nicht der Impuls unsrer Kultur gewesen sei, wesentlich an Überzeugungskraft.

So stünde also die niederländische Malerei in einem belangreichen Sinn abseits vom Stil der Zeit: dies würde der Bedeutung des eigenen und abweichenden holländischen Kulturtyps nur um so höheren Wert verleihen. Gilt dies auch für die Literatur? Wohl kaum. Es liegt auf der Hand, daß bildende Kunst und Literatur in einer solchen Beziehung nicht gleichwertig sein können. Die Vorbedingungen ihres Schaffens sind zu verschiedenartige. Auf den ersten Blick scheint die literarische Produktion viel weniger an Stilforderungen gebunden als die bildende Kunst. Diese letztere ist ja immer beschwert mit dem ganzen Gewicht des *hic et nunc;* sie ist abhängig von Materialien und technischen Mitteln; sie entsteht am Arbeitsplatz; sie kann sich Fachtraditionen und Arbeitsverhältnissen nicht entziehen; die

Historie beschränkt und beherrscht sie in ihrem freien Flug. Der Poet hingegen fliegt frei ins Unendliche, so oft es ihm behagt oder der Geist ihn treibt. Und doch, was sieht man sich abspielen, nicht nur hier, sondern stets und überall? Daß die Literatur viel stärker als die bildende Kunst alten Formen, Schemen, Vorbildern und Autoritäten verhaftet bleibt. So war es auch hier. Selten wagten es die Dichter, sogar die größten, den Normen des erneuerten Klassizismus Trotz zu bieten. Wie ein Raster antiker Gestalten liegt der Humanismus über aller literarischen Produktion. Indessen: mochte das Produkt dem klassischen Muster noch so treu bleiben, der Geist ließ sich nicht zwingen. Der Klassizismus blieb Außenseite, und der Geist schwebte weiter in den Sphären holländischer Weiden und Dünen, dort wo auch ein Ruisdael und ein Cuyp ihre edelsten Eingebungen fanden. Sogar Vondel schuf seine allerbeste Poesie, wo er am wenigsten im klassischen Muster befangen war.

Der niederländische Dichter ist im allgemeinen vorwiegend visuell veranlagt gewesen. Er sah die Dinge wie der Maler sie sah. Brederoos Lustspiele sind Gemälde und Vondels Trauerspiele sind es eigentlich auch. Daher auch die Unspielbarkeit, die den meisten von ihnen trotz ihrer hohen Qualität bloß die Unsterblichkeit der Bücherbretter verleiht. Mochte sein neuer Glaube ihm ein makelloses Stilgefühl verleihen und ihn emporführen bis zu den Chorliedern des *Lucifer*, – ihn zu einem Dramaturgen machen, der wie Shakespeare uns zwänge, den Atem anzuhalten, oder wie Racine uns mitrisse im edlen Klang seiner gedämpften Leidenschaft, das konnte er nicht.

Die Frage, die noch bleibt, ist diese: wie und wann findet unsre Kultur des siebzehnten Jahrhunderts mit ihrem ausgesprochen eigenen, an eine kurze Zeit gebundenen Charakter ein Ende? Die Antwort: mit dem Ende des Jahrhunderts selbst, wäre allzu

naiv. Eine Kulturperiode wechselt nicht mit einer Jahrhundert-
zahl, so verlockend und nützlich es auch zuweilen sein mag, die
Perioden nach Jahrhunderten zu unterscheiden. Worauf es hier
ankommt, ist nicht mit einem Wort zu sagen. Es ist eine Reihe
von Fragen. Wann erschlafft die Kraft, verdorrt die Blüte, ver-
blassen die Züge, die diese Kultur zu einem würdigen, wenn auch
weniger glänzenden Gegenstück zum Bild von Florenz oder Venedig gemacht haben? Worin hat der Prozeß des Kulturver-
lustes bestanden, der das Holland der Zeit nach 1700 vom vor-
ausgehenden Jahrhundert trennt?

Man kommt dieser Reihe von schwierigen Fragen vielleicht
am besten näher, wenn man von dem Gebiet ausgeht, auf dem
das Nachlassen am deutlichsten zu uns allen spricht. In dem
Augenblick, da Rembrandt in der dunklen Abendglut seiner
letzten Jahre untergegangen ist, läuft das Zeitalter unsrer Malerei
bereits dem Ende zu. In dem Augenblick, da ein Lairesse den
Geschmack des Publikums und ein grober Geist wie Romein de
Hooghe den Markt der Graphik erobert, kann von hoher Blüte
nicht mehr gesprochen werden, auch wenn noch eine Anzahl
der größten Maler die Siebziger Jahre des Jahrhunderts überle-
ben. Aus welchen Ursachen kommt es, daß eine solche Periode
hoher Blüte immer wieder abläuft, als ob es ein einziges Men-
schenleben wäre? War es in diesem Fall das Überhandnehmen
der französischen Mode, war es, weil die früheren Genres veralteten, war es eine Wirkung pikturaler Übersättigung, oder nahmen tatsächlich Talent und Geschicklichkeit im Fach ab? – Ver-
minderter Gunst der sozialen und wirtschaftlichen Bedingungen
kann man den Verlust schwerlich zuschreiben; der Reichtum
war größer als je. Die Freude am Malerfach und am Besitz von
Gemälden blieb allem Anschein nach ebenso lebendig wie vorher. Nichts stand dem Aufkommen von neuen Talenten ersten

Ranges im Weg, und doch, – sie kamen nicht. Man neigt immer wieder fast unvermeidlich zu der doch so betrüglichen Unterstellung, als wäre eine Kulturblüte, welcher Art sie auch sei, wirklich ein Lebensprozeß von Zellen und Organen.

Fast noch eindeutiger als auf dem Gebiet der Malerei scheint das Nachlassen auf demjenigen der Literatur. Wer übernahm die Krone des Dichtertums, als Vondels goldene Stimme endlich schwieg? Soll es ein Antonides van der Goes gewesen sein, dessen rollende Verse als einzige die Vollkommenheit Vondels wenigstens äußerlich bewahren, oder jemand anders?

Hier taucht ein Schreckbild vor uns auf: das Bild von dem großen Absinken auf fast allen Gebieten der Kultur, das in unsrer Vorstellung mit der niederländischen Kultur des achtzehnten Jahrhunderts beinah unzertrennlich verbunden ist. Die Tiefe des Absinkens wird vielleicht meist übertrieben, aber trotzdem, – vorhanden ist sie, als ein bedauerliches historisches Faktum. Das Unbehagliche ist, daß in der selben Zeit, in der Holland geistig auszutrocknen und einzuschlafen scheint, rund um uns herum die Nationen in eine neue Periode lebendiger Kulturblüte eintreten: Frankreich, England, binnen kurzem auch Deutschland. Was hat uns zum Beispiel gehindert, in jener Zeit zwischen 1685 und 1715, die von Paul Hazard so glücklich mit dem Namen einer Krisis des europäischen Bewußtseins geprägt worden ist, eine kräftige, muskulös geschmeidige Prosa hervorzubringen, die man hätte lesen und der man hätte treu bleiben können? Wir berühren hier eine der wundesten Stellen unsrer geistigen Vergangenheit. Woher kommt doch diese trostlose Verdorrung und Versteifung der niederländischen Prosa? Das siebzehnte Jahrhundert hatte auch in den andern Ländern erst den Anfang der modernen flüssigen Prosa gekannt. Wir hatten frühzeitig einen Meister der Prosa in Hooft besessen, aber leider einen allzu kunst-

reichen, dessen Vorgang kein Nachfolgen erlaubte. Nach ihm
war wenig literarische Prosa hervorgetreten. Der Briefstil hatte
sich in die Rathaussprache und in französische Ausdrücke verstrickt; die gelehrte Welt schrieb lateinisch oder latinisierend und
der Rest der Prosa glitt in den Predigtstil. Gut, aber auch die
Predigt konnte gut sein. Warum gab es bei uns keinen Bossuet
und keinen Bourdaloue? Oder hatte der Calvinismus seine Spann-
kraft verloren? Warum keine lesbaren Autoren wie Swift, Defoe,
Lesage? Warum rückt Van Effen als garstiges kleines Entchen
erst vier Jahre vor seinem Tod mit seinem Holländisch heraus,
nachdem er vorher stets nur französisch geschrieben hatte?

Den erbärmlichsten Eindruck eines Zurückbleibens des nieder-
ländischen Geistes bekommt man, wenn man die hochstehenden
Zeitschriften, die in Frankreich aufgekommen waren, wie das
Journal des Sçavans, mit den Produkten vergleicht, die hier ein
Pieter Rabus in seinem *Boekzaal* auf den Markt brachte.

Versucht man die Erscheinung eines allgemeinen Absinkens,
die uns unleugbar scheint, außerhalb der Gebiete von Kunst und
Literatur zu verfolgen, auf denen es am leichtesten und am ein-
deutigsten wahrnehmbar ist, dann nimmt die Frage diese Form
an: sind, noch im Lauf des siebzehnten Jahrhunderts, Eigenschaften des niederländischen Volkes verloren gegangen oder wenigstens in den Hintergrund gerückt, die für die hohe Kulturblüte,
die das Jahrhundert gekennzeichnet hatte, essentiell gewesen
waren?

Es hatten sich jedenfalls Umstände, Verhältnisse und Voraussetzungen verändert. Die Menschen selbst waren andere geworden. Im Lauf des siebzehnten Jahrhunderts waren überall neue
Komponenten aufgetaucht, die den geistigen Typus des Nieder-
länders allmählich verwandelten. Mit dem Aufkommen der Na-

turwissenschaft, dem Vordringen eines allgemeinen Ideals der Toleranz, dem Absterben des Aberglaubens (das Jahr 1682 war in der Linie des Glaubens an die Kometen der Wendepunkt), und vor allem mit dem Überhandnehmen der Verehrung für die Vernünftigkeit als Maßstab für Leben und Handeln hatte sich im geistigen Habitus des gebildeten Menschen eine Verwandlung angebahnt. Er blieb, abgesehen von den Anhängern Spinozas oder den Gefolgsleuten besonderer sektiererischer Ideen, gut-dordrechtisch oder gut-römisch gesinnt, je nach seiner Glaubens-zugehörigkeit. Aber in die alte Bestimmtheit, in die alte Heftig-keit und Leidenschaft des Glaubensbekenntnisses war doch bei allen etwas vom Geist der Zeit mit unterlaufen, vom Geist des beginnenden achtzehnten Jahrhunderts, der flach und trocken und nüchtern war. In dem Maße, als die Prägung durch die Gei-stesmarke Calvins verblaßte, gewann gleichsam die große Gegen-strömung, die hier schon seit dem sechzehnten Jahrhundert die Geister besprengt hatte, von neuem Kraft auf Kosten der stren-gen Konfession. Man kann diese Gegenströmung nach Erasmus benennen, wenn man will. Man kann sogar zweifeln, ob sie in der Bildung der Volksart Haupt- oder Nebenströmung gewesen sei. Sie bedeutete eine Reihe von Idealen, die für den niederlän-dischen Charakter besonders gewichtig geworden sind: Verträg-lichkeit, Friedensliebe, ein sehr starkes und aufrichtiges Rechts-gefühl, Abneigung gegen Haarspalterei und große Worte, Be-gierde nach Ruhe. Ruhe ist, je nachdem man sie versteht, ein sehr niedriges oder ein sehr hohes Ideal, das an die Untugend der Trägheit grenzen oder zur Anschauung des Ewigen hinüberleiten kann. Das Ideal der Ruhe braucht nicht lauter Passivität zu sein. Das Holland des siebzehnten Jahrhunderts war im höchsten Maße aktiv gewesen in seinen Händlern, seinen Seefahrern, seinen Kriegsleuten, seinen unermüdlichen Arbeitern und Bauleuten in allen Zweigen von Handeln und Denken. Aber auch damals trug der Geist der Nation tief in sich jenes Verlangen nach der behaglichen Ruhe eines frohen Landlebens, mit Büchern und Besuch von Freunden, so wie es einst Erasmus beseelt hatte und wie es zugleich anklingt in Huygens, Cats und Vondel. Dieses Ideal hatte im siebzehnten Jahrhundert auf keinem Gebiet ein kräftiges Leben nach allen Seiten hin verhindert. Der Staat war ebenso bereit gewesen zu einer Anzahl von Kriegen, um sein Recht und seinen Besitz zu wahren, wie der Einzelne zu den kühnsten und beherztesten Taten des Mutes, der Ausdauer und der Erfindung. Gewiß, weder der lange Krieg mit Spanien noch der wiederholte Zusammenstoß mit England noch der erbitterte Kampf mit Frankreich hatten hier je einen Geist der Kriegssucht oder des Militarismus geweckt, wie in Schweden, das nach 1700 im Begriff stand, hieran zu Grunde zu gehen. Ihren Anteil am spanischen Erbfolgekrieg übernahm die Republik als eine schwere Pflicht und als eine lange, harte Prüfung. Als er vorbei war, schienen Frieden und Ruhe für lange Zeit gewonnenes Spiel zu haben. Das Ideal der Ruhe war für einen bedeutenden Teil des Volkes fast völlig verwirklicht. Der allgemeine Wohlstand schien sowohl dem gesetzten Bürger wie dem Regenten den Genuß dieses Friedens für immer zu garantieren. Ganze Gegenden des Landes waren bedeckt mit den nahe bei der Stadt gelegenen Landhäusern, in denen man die beste Zeit des Jahres verbrachte, die ihre Abwandlung fanden im Schloß und im großen Landgut der Angesehensten und Reichsten, die ihre Herrschaften, ihre Titel und Wappenschilder besaßen, bis zu der «Koepel aan de vaart», d. h. den polygonen Gartenhäusern am Kanal für die erfolgreichen Gewerbetreibenden. Es war eine Lebensweise, die in keinem andern Land in diesem Maßstab möglich gewesen wäre; ein hoher Grad öffentlicher Sicherheit und die geringen Distanzen waren wichtige Voraussetzungen. Den fremden Reisenden durfte dieses Land gewiß wie eine Art bürgerliches Paradies vorkommen.

Diese gesunde und einfache Form eines in breite Kreise ausgedehnten Wohllebens hatte indessen, sozial gesprochen, ihre bedenkliche Seite. Denn sie bedeutete ja auch, daß der Handelsstand schon im siebzehnten Jahrhundert allgemein vom Kaufmann zum Magistraten und vom Unternehmer zum Teilhaber geworden war. War man ein Land von Rentnern geworden? Zweifellos blieben in den regierenden und besitzenden Klassen die energischen Naturen auch weiter am Werk: das Wirtschaftsleben bot, auch wenn man nicht täglich aufs Kontor, auf die Werft oder auf die Börse ging, immer noch Stoff genug dazu. Für den durchschnittlichen Patrizier aber beschränkten sich doch diese Tätigkeiten neben den ergötzlicheren Verpflichtungen einer in Schlendrian versunkenen Stadtverwaltung und neben den zwar ernsthaften, aber nicht allzu zeitraubenden Obliegenheiten der Rechtsprechung auf Begegnungen mit dem Gärtnermeister und auf Besprechungen mit dem Verwalter und Notar. Die intellektuelle Tätigkeit, die ein solches Dasein erfüllen konnte, hatte sich inzwischen vom Studium der klassischen Literatur und der Theologie und von poetischen Liebhabereien auf das Anlegen eines Naturalienkabinetts verschoben, das für die Aufrechterhaltung der Reputation beinah unentbehrlich wurde. In all dem zusammen ist, – soviel Kulturgewinn auch darin stecken mag, – ohne allen Zweifel ein gutes Stück nationaler Energie versandet.

War das Vaterland allzu friedsam geworden? Hatte es eine Eigenschaft eingebüßt, die man das Heroische nennen möchte? Gefährliche Spekulationen, mit denen man sich leicht in Worten und Phrasen verlaufen kann. Sicher ist, daß das allgemeine geistige Nachlassen des achtzehnten Jahrhunderts, das sich nicht verkennen läßt, also ein Verlust an Kulturkraft dem siebzehnten Jahrhundert gegenüber, zu einem wesentlichen Teil in diesen Dingen seine Erklärung findet.

An die Stelle eines siebzehnten Jahrhunderts voll Leben und Dröhnen schiebt sich das Bild eines achtzehnten, in dem unser Land in der späten Mittagssonne eines langen Sommertags zu schlummern scheint. Unser historischer Blick hat Mühe, in diesem Bild andere als die nüchternen, trockenen, allzu bürgerlichen Züge wahrzunehmen. Sogar die Tatsache, daß es die Zeit von Boerhave und 's Gravesande ist, kann uns von dem ungern zugestandenen Eindruck eines Kulturverfalls nicht befreien. Auch an der einzigen großen politischen Gestalt dieser Tage, an Simon van Slingelandt, klebt etwas Unerfreuliches: er ist der Mann, der das nicht zu Stande brachte, was er für den Staat so deutlich als notwendig sah, und der seine klare und überzeugende Kassandra-Weisheit zurückhielt, um sie erst offenbar werden zu lassen, als es zu spät war.

In solchen allgemeinen historischen Erwägungen steckt beinah immer ein Stück Übertreibung und Vernachlässigung. Wir können es eben nicht lassen, das achtzehnte Jahrhundert mit dem Maßstab des siebzehnten zu messen, während es doch nach eigenem Maßstab gemessen werden will. Wer das achtzehnte Jahrhundert beurteilen will, muß, – mag es sich nun um Holland oder um ein anderes Land handeln, – damit beginnen, die Werte anzuerkennen, die seine großen und unvergänglichen Leistungen darstellen, auch wenn sie Namen tragen, die ihm nun, in seiner Befangenheit der wirren Gegenwart, wie Nachhall einer fernen Zeit klingen, einer Zeit, die nun weit hinter uns liegt. Er darf den flachen Rationalismus, die allzu nüchterne Verständigkeit des Geschlechts von 1700 nicht mit dem verfeinerten Ästhetizismus und der philosophierenden Aufgeblasenheit seines eigenen Wahns einschätzen, sondern er muß ihn verstehen in der positiven, historischen Unentbehrlichkeit, die er für diejenigen gehabt hat, die noch in der verwirrenden Unklarheit des Denkens im siebzehnten Jahrhundert geboren waren. Er wird dann vielleicht etwas milder urteilen über jenes Nachlassen, das vor unserm Blick über Rembrandts Jahrhundert einen Schleier breitet.

Vor sechzig Jahren sprach man sowohl im Unterricht wie in der Literatur gerne und mit Überzeugung von unserm goldenen Zeitalter. Als P. L. Muller im Jahr 1897 seine höchst verdiente und immer noch nicht ersetzte Beschreibung der *Republic der Vereenigte Nederlanden in haar bloeitijd* veröffentlichte, mußte das Buch nach dem Wunsch des Verlegers den Titel bekommen: *Onze Gouden Eeuw*. Dieser Titel aber wurde, wie es Colenbrander später in seinem Lebensbericht über Muller vermerkt hat, eigentlich durch das Werk selbst widerlegt. Denn hier wurden aufeinanderfolgend die Staatsverfassung, die Land- und Seemacht, die Kirche, der Handel, die Industrie und Schiffahrt, die Einrichtung der Kolonien, und darauf dann Zustand und Verwaltung, in jeder einzelnen der Provinzen besonders, zusammen mit der Staatsgeschichte selbst, schließlich die Gesellschaft, die Literatur und die Kunst auf vortreffliche und sachliche, gewiß zuweilen etwas allzu trockene Weise behandelt, ohne daß dabei von irgendeinem Goldglanz die Rede sein konnte. Es ist der Name des Goldenen Zeitalters selbst, der nichts taugt. Er riecht nach jener *aurea aetas*, jenem mythologischen Schlaraffenland, das uns schon als Schulbuben bei Ovid leicht gelangweilt hat. Wenn unsre Blütezeit einen Namen haben soll, so nenne man sie nach Holz und Stahl, Pech und Teer, Farbe und Tinte, Wagemut und Frömmigkeit, Geist und Phantasie. «Goldenes Zeitalter» würde besser auf das achtzehnte Jahrhundert passen, als das Gold gemünzt in den Geldkisten lag.

Wir Niederländer wissen, daß vom Besten, was unsern Staat und unser Volk im siebzehnten Jahrhundert groß gemacht hat, von der Kraft und dem Willen zu Taten, dem Bewußtsein von Recht und Billigkeit, von der Barmherzigkeit, der Frömmigkeit und dem Gottvertrauen, auch damals und für die kommenden Zeiten noch nichts verloren gegangen war.

NACHWORT DES ÜBERSETZERS

Je mehr die Tage, in denen Huizinga lebte und starb, in den Abstand historischer Ferne geraten, um so klarer wird es, daß seine Gestalt zu den bedeutenden Erscheinungen dieses Jahrhunderts gehört. Das neue Holland, das er nicht mehr gesehen hat, schreitet kräftig voran auf dem Weg in seine Zukunft, die nur in gewissen Zügen seiner Vergangenheit ähnlich sein wird. Aber das alte Holland, das in den Tagen der ersten Oranier begann und sein Ende fand im Mai 1940, wächst nun vor dem historischen Blick als ein Ganzes zusammen, dessen Wesen in der Zeit Vondels und Rembrandts den größten Glanz ausstrahlt. Die holländische Geschichte ist für den Leser deutscher Sprache nur selten in ihrem größeren Zusammenhang gesehen und dargestellt worden. Selten ist sie von innen her verstanden worden. Seit Schiller sein berühmtes Fragment entwarf, das nicht den niederländischen Aufstand, sondern nur seine Vorgeschichte erzählt, sind vom deutschsprachigen Gesichtskreis aus allerlei lehrhafte Meinungen an die Geschichte der Niederlande herangetragen worden, mit denen man wohl einzelne Teile, aber nie das Ganze des niederländischen Daseins ins Blickfeld bekam. Die einen glaubten ein abgesprengtes germanisches Volkstum, andere den calvinistischen Geist und seine Wirtschaftsgesinnung, dritte das Urprinzip der Freiheit oder der Genossenschaft am Werk zu sehen. Huizinga ist einer der wenigen gewesen, die das alte Holland noch völlig verkörperten und zugleich ein so feines, für alle Nuancen empfindliches historisches Organ besaßen, daß sie das eigene Land von innen und von außen, aus der warm empfundenen Nähe des Erlebens und zugleich aus der kühlen Ferne des historischen Verstehens zu überschauen vermochten. In seiner Jugend hatte er die größte Distanz zum heimatlichen Wesen genommen. Wie Van Gogh bis in die Provence ausgewandert ist, um ganz er selbst zu werden, so nahm Huizinga zunächst im fernen indischen Osten seinen Standpunkt, um sein kulturgeschichtliches Auge zu üben. Er begann als Indologe und Sanskritist, um am Ende seines Lebens vor seinen europäischen

Zeitgenossen als die reinste Verkörperung seiner Heimat dazustehen. In der Mitte seines Lebens wurde er berühmt als der Kenner und Deuter der alt- burgundischen Ritterkultur, als derjenige, der die Werte des hohen mittel- alterlichen Geistes gegen diejenigen der Renaissance zu wägen verstand. Nur in seinem «Erasmus» spürte man damals, daß er auch für die heimat- lichen Werte des nordniederländischen Wesens, mit denen er aufgewachsen war, einen Sinn von besonderer Qualität besaß. Unter den bekannten Werken seines Ruhms, dem «Herbst des Mittelalters», dem «Homo lu- dens», dem «Erasmus», gab es indessen keines, das der holländischen Blüte- zeit gewidmet gewesen wäre. Holländische Geschichte zu lehren war nicht seines Amtes; dies tat in Leiden Colenbrander, sein Kollege auf dem andern historischen Lehrstuhl. Erst als gegen das Ende seines Lebens die heimat- liche Welt, der er sich verbunden fühlte, in ihrem Dasein bedroht war, brach er sein Schweigen zu den Themen der vaterländischen Vergangenheit. Im Januar 1932 hielt er in Köln drei Vorträge als Gast des deutsch- niederländischen Institutes über «Holländische Kultur des siebzehnten Jahrhunderts». Und als dann sein Land in der Springflut von 1940 gänzlich versunken schien, da nahm er, noch bevor er den Weg ins brabantische Geisellager antrat, sein Kölner Manuskript noch einmal vor, und während die Leidener Universität bereits geschlossen war, überdachte er Satz für Satz von neuem. Unter diesem Meditieren entstand ihm ein neues Buch, dessen Text zwar einigermaßen den Kölner Vorträgen folgte, das nun aber nicht für die Hörer von 1932, sondern für die eigenen Landsleute von 1941 gedacht war.

Dieses Spätwerk ist es, das wir hier zum ersten Mal deutsch vorlegen, in der Meinung, es handle sich um eine der kostbarsten Früchte dieses un- vergleichlichen Geistes. Es ist ein Kulturbild hohen Ranges, wie seit den Tagen Jacob Burckhardts wenige entworfen worden sind.

*

Es gibt also zwei Fassungen der vorliegenden Schrift. Die eine hat Huizinga selbst deutsch geschrieben. Es ist der kurze Text der drei Kölner

Vorträge von 1932, der unter dem Titel «Holländische Kultur des sieb-
zehnten Jahrhunderts. Ihre sozialen Grundlagen und nationale Eigenart»
1933 im Eugen Diederichs Verlag in Jena erschienen ist. Das Bändchen
ist seit langem vergriffen und ursprünglich war der Anstoß zur vorliegenden
Publikation nur in dem Wunsch gelegen, jener alte Text möchte wieder
aufgelegt und zugänglich gemacht werden. Inzwischen aber hatte der Über-
setzer die zweite Fassung der Schrift kennen gelernt, die in Holland wäh-
rend der Besetzungszeit 1941 erschienen war und 1956 bei Tjeenk Willink
& Zoon in Haarlem neu gedruckt worden ist. Nur diese zweite Fassung
ist in die Gesamtausgabe der Werke Huizingas aufgenommen worden
(Verzamelde Werken II, Nederland, Haarlem 1948, pp. 412–507). Sie
trägt den Titel: «Nederland's beschaving in de zeventiende eeuw. Een
schets door J. Huizinga».

Die Frage, welche der beiden Fassungen für eine neue deutsche Ausgabe
zu benützen sei, war nicht so leicht zu entscheiden, wie es den Anschein hat.
Auf der einen Seite lag ein von Huizinga selbst geschriebener, für deutsche
Hörer gedachter, kurzer deutscher Text vor; auf der andern Seite war die
zweite Fassung nicht nur reicher an Inhalt, sondern auch reifer in den
Formulierungen, sorgfältiger nuanciert, nicht nur eine Fassung letzter
Hand, sondern auch ein echterer Huizinga; denn so bewundernswert die
vielsprachige schriftstellerische Gewandtheit Huizingas gewesen ist, im
Grunde war er eben doch nur ganz er selbst, wenn er holländisch schrieb.
Aber dieser zweite Text war für holländische Ohren gedacht; er setzte
manches an Kenntnissen und Gedankengängen voraus, was nur für hollän-
dische Leser wirklich selbstverständliches Wissen war. Es mußte also,
falls man sich zu diesem zweiten Text entschloß, in Kauf genommen
werden, daß an die Stelle der holländischen Sätze Huizingas die deutschen
des Übersetzers treten und daß der Leser an der einen oder andern Stelle
stutzen wird, zuweilen im Konversationslexikon nachschlagen muß, wenn
ihm ein Faktum oder ein Name der holländischen Vergangenheit nicht ganz
gegenwärtig ist. Diese Nachteile haben wir in Kauf genommen und uns

153

zur zweiten Fassung entschlossen, die um ihres reicher durchdachten Ge-
haltes willen die überlegene ist. Sie darf dem deutschsprachigen Leser und
dem Leser anderer Zungen, der zwar deutsch, aber nicht holländisch ver-
steht, nicht vorenthalten bleiben.[1]

Es gibt ein naheliegendes Mittel, die genannten Nachteile etwas aus-
zugleichen. Wir konnten uns zwar nicht entschließen, einen historischen
Sachkommentar für nicht-holländische Leser beizufügen, denn wo wäre die
Grenze zu ziehen gewesen? Jeder von uns trägt seine Bildungslücken an
einem andern Ort. Aber Huizinga selbst ist uns etwas zu Hülfe gekommen.
Wenn man seinen Kölner Text von 1932 mit demjenigen von 1941 ver-
gleicht, bemerkt man, daß er in Köln als diskreter Erzieher seines Publi-
kums unauffällig elementare Mitteilungen mit in seinen Vortragstext ein-
flocht, die er später strich, als er zu seinen Landsleuten sprach. Wir stellen
also im folgenden Seite für Seite diejenigen Stellen der ursprünglichen
Fassung zusammen, die jetzt als Erweiterungen des späteren Textes wirken
können, wenn man sie als Anmerkungen liest. Diese Fragmente sind dann
im einen Fall bloße Varianten, im andern dienen sie als Kommentar aus
dem Munde Huizingas selbst.

Bei der Auswahl dessen, was in die Reihe dieser Fragmente aufgenom-
men werden solle, war indessen der Gedanke maßgebend, daß nur die
wichtigeren unter den später fallengelassenen Textteilen wiederzugeben
seien. Es sollte nicht ein unlesbarer Variantenapparat entstehen.

Doch bevor wir zu diesen Ergänzungen aus dem Text von 1932 kommen,
übersetzen wir der Vollständigkeit halber die «Vorrede» zur Ausgabe von 1941:

Im Januar 1932 hielt ich in Köln vor dem dortigen deutsch-
niederländischen Institut drei Vorträge über unsre Kultur des
siebzehnten Jahrhunderts. Sie erschienen als Publikation des

---

[1] Dem Inhaber des Lektorates für niederländische Sprache und Kultur an der
Universität Basel, Herrn Dr. phil. Ulrich Huber-Noodt, dankt der Übersetzer
für seinen kundigen Rat bei der Interpretation einiger schwieriger Stellen.

Instituts unter dem Titel: Holländische Kultur des siebzehnten Jahrhunderts. Ihre sozialen Grundlagen und nationale Eigenart (Jena, Eugen Diederichs Verlag 1933). Seither wurde ich wiederholt gefragt, ob das Büchlein auch auf holländisch erscheinen werde, aber ich habe immer geantwortet: die Vorträge sind für ein deutsches Publikum geschrieben; für unsre Landsleute enthalten sie zu viel Bekanntes, zu wenig Neues. Besondere Umstände brachten mich in diesem Frühjahr zum Entschluß, einer erneuten Aufforderung, die Schrift für den niederländischen Leser zu bearbeiten, Gehör zu schenken. Bei dieser Überarbeitung folgte ich gewiß dem ursprünglichen Text auf dem Fuß, aber indem ich hier etwas wegließ, das allzu bekannt war, und dort etwas zufügte, was zur Verdeutlichung oder Ergänzung dienen konnte, und überall nach neuem und besserem Ausdruck strebte, machte ich doch etwas völlig Neues daraus, das beinah den doppelten Umfang meiner Arbeit von 1932 bekam, auch wenn ich es das bleiben lassen wollte, was stets die Absicht gewesen war: eine kurze Skizze, mehr nicht. Wer vergleichen wollte, würde nur hie und da einen Satz regelrecht übersetzt finden. Falls er da und dort auch eine Auffassung oder eine Meinung verschoben oder verändert findet, um so besser.

Der Titel machte einige Schwierigkeit. Wenn ich, wie es auf der Hand lag, «Holländische» durch «Nederlandse» ersetzte, dann wäre mein Wunsch, lediglich von derjenigen Kultur zu sprechen, wie sie in der Republik der Vereinigten Provinzen geblüht hat, nicht deutlich genug zum Ausdruck gekommen, und man hätte mir mit Recht vorgeworfen, ich hätte doch Brabant und Flandern kaum genannt. Um Mißverständnissen vorzubeugen, wählte ich dann den Titel wie er hier steht («Nederland's beschaving in de zeventiende eeuw»). Wenn vom siebzehnten Jahrhundert die Rede ist, faßt man mit «Niederlande» und mit «niederländisch» den

Norden und den Süden zusammen, aber unter «Niederland» wird niemand etwas anderes verstehen als unser Vaterland im engeren Sinn, die Republik glorreichen Angedenkens, die gleichsam über der Leichenbahre des Vaters des Vaterlandes in der Freiheit begründet worden war, ein Staatsgebilde mit vielen Mängeln, das in jener Form nur eine gut zweihundertjährige Geschichte erlebt hat, aber eine Geschichte, die an Bedeutung diejenige manches Reiches übertrifft, das sein Bestehen nach vielen Jahrhunderten zählt.

Was die terminologische Schwierigkeit betrifft, die in diesem Vorwort angedeutet wird: niederländisch – holländisch, so besteht sie bekanntlich auch im Deutschen, nur daß sich die beiden Bedeutungssphären hier etwas anders überschneiden als im Holländischen. Eine klare Ausscheidung ist auch im Deutschen nicht möglich. Denn obwohl hier die Bezeichnung «holländisch» für die Gesamtheit der niederländischen Sprache und Kultur, sofern sie nicht belgisch sind, allgemeiner gebräuchlich ist, so existiert doch die Bezeichnung «Niederland» und «niederländisch» für diese von Belgien getrennten Bedeutungssphären im Deutschen ebenfalls. Die Gesandtschaften und Konsulate heißen auch im Deutschen amtlich immer «niederländisch» und nicht «holländisch». Wir geben also dem deutschen Sprachgebrauch der Umgangssprache insofern nach, als wir im Titel wieder von «holländischer Kultur» sprechen, wie es Huizinga 1932 tat; im Text aber behalten wir uns die Freiheit vor, niederländisch und holländisch abwechselnd so zu gebrauchen, wie es uns im jeweiligen Zusammenhang angemessen und am besten scheint.

Und nun möge die Blütenlese aus dem Text von 1932 folgen. Sie hat nicht nur die Absicht, all das zusammenzustellen, was Huizinga 1932 als Verdeutlichung für den deutschen Leser für nötig hielt, sondern auch diejenigen größeren Textteile zu retten, die Huizinga bei der Überarbeitung von 1941 aus dem einen oder andern Grund fallen gelassen hat.

Werner Kaegi

FRAGMENTE

Zu Seite 1

Der Anfang lautete 1932:

Wer eine Kulturepoche mit Namen nennt, zum Beispiel Florenz im Quattrocento oder das Elisabethanische England, ruft in seinem Hörer ein bestimmtes Geschichtsbild wach. Ein solches Bild sieht verschieden aus, je nach der Beschaffenheit der Kenntnisse desjenigen, dem es vorschwebt. Dem guten Geschichtskenner wird bald eine Fülle von genauen Vorstellungen und lebendigen Anschauungen bewußt, wo der gebildete Laie nichts anderes schaut als einige Erinnerungen an Museumsbesuche und Lektüre oder vielleicht sogar eine Phrase aus einem Schulbuch. Gewisse Züge jedoch haben alle diese Bilder, wenn sie nicht ganz falsch sind, immerhin gemein. Die Frage, wie ein solches parates Geschichtsbild sich formt und was es eigentlich enthält, könnte uns tief in die Geschichtsphilosophie hineinführen, was wir aber hier vermeiden wollen. Methodisch wichtig ist es indessen zu wissen, welche Vorstellungen sich beim Anklingen eines bestimmten geschichtlichen Themas bei dem allgemein gebildeten Hörer zuerst einstellen. Machen wir einmal einen Versuch.

Holländische Kultur des 17. Jahrhunderts ist ein sachlich scharf genug umrissener Begriff. Selbstverständlich ist dieser für den Holländer reicher und lebendiger als für den Deutschen, aber eine gewisse Gestalt hat er für diesen doch jedenfalls auch. Nun, bitte, was denken Sie sich dabei an erster Stelle? – Ich glaube, nicht fehl zu schließen, wenn ich rate: Gemälde, und zwar 85 Prozent Rembrandt, 5 Prozent Frans Hals und Vermeer, während der Rest übrigbleibt für anderweitige Visionen. So bequem lasse ich Sie aber nicht davonkommen. Bitte, strengen Sie

sich an, was regt sich da noch weiter? Ein Städtebild, ein Kupferstich, unbestimmte Vorstellungen von Handel und Schiffahrt.
Weiter einige Namen: Johann de Witt, Admiral de Ruyter, denn
die politische Geschichte läßt sich aus dem Bilde der Kultur zu-
recht nicht lösen. Sodann Grotius. Vielleicht Spinoza. Vielleicht
gar Vondel? – Meinen Sie bitte nicht, daß ich Ihre Kenntnisse
unterschätzen will. Es versteht sich: wenn Sie nach Hause gehen
und einen Aufsatz darüber schreiben, so wissen Sie viel, viel
mehr. Vielleicht sogar Dinge, die eigentlich niemand wissen
kann. – Ich habe aber nur gefragt: welche Züge nimmt für Sie
das Bild der holländischen Kultur des 17. Jahrhunderts an, sobald
es ins Gedächtnis gerufen wird? Und es kann kaum anders als in
der Hauptsache visuell und künstlerisch ausfallen, erstens weil
nun einmal die Malerei die wichtigste und bleibendste Kultur-
leistung dieser Epoche gewesen ist, zweitens weil die intellektuelle Betätigung unserer Zeit sich in bedenklicher Weise auf das
bloße Sehen zurückzuziehen scheint.

Sei es mit diesem Bilde, wie es mag, meine Aufgabe für diese
drei Vorträge ist es, das Bild einigermaßen zu ergänzen, einzu-
rahmen, ihm Farbe zu geben. Soll ich da zu den Figuren, welche
Ihnen geläufig sind, noch eine Reihe anderer fügen: zwanzig
Maler, zehn Dichter, drei Gelehrte, und von jedem eine kleine
Charakteristik geben? Das würde also auf ein Kapitel Kunstgeschichte, ein Kapitel Literaturgeschichte und eines über Geistesgeschichte hinauslaufen. Wie aber soll man da den Zusammenhang, die Einheit dieser Kultur herausarbeiten? Mir
scheint, das wird nur möglich, wenn man überhaupt auf eine
solche Reihe von gesprochenen Projektionen verzichtet und sich
der Frage zuwendet, welche lautet: wie hat sich diese sehr spezielle Kultur entwickeln können, welches sind die Grundlagen,
auf denen sie sich erhoben hat, was für Momente haben ihre

Eigenart bestimmt? Statt über holländische Kultur des 17. Jahrhunderts ganz im allgemeinen zu sprechen, werden wir uns vorläufig beschränken und unser Thema so fassen, daß die Frage nach den sozialen Grundlagen dieser Kultur der Ausgangspunkt und feste Boden bleibt.

Zu Seite 15 ff.

Es versteht sich, daß ich in diesem Zusammenhang mit dem Namen Holland die Republik der Sieben Vereinigten Provinzen meine. Ihr Grundgebiet entsprach, bis auf kleine Unterschiede, demjenigen des heutigen Königreichs der Niederlande. Indem ich diesen Staat und seine Nation Holland nenne, gebrauche ich, wie Sie wissen, eine pars pro toto. Holland war der Name der ersten, größten und reichsten der sieben Provinzen. Ihre Stellung war so vorherrschend, daß dieser Name bei fast allen fremden Nationen für das Ganze eintrat, so wie früher Flandern in den Sprachen Südeuropas die Bezeichnung für die Niederländer im allgemeinen abgegeben hatte. Auch im heutigen holländischen Sprachgebrauch wechseln «hollandsch» und «nederlandsch». Offiziell ist nur das letztere als Name des ganzen Landes oder Volkes zulässig, man sagt aber mehr «hollandsch». Das hängt auch hiermit zusammen, daß das Wort «nederlandsch» zweideutig bleibt; es kann sich auch auf das Sprachgebiet, also mit Einschluß Flanderns, oder gar auf den ganzen geographischen Komplex beziehen, der gegen Ende des Mittelalters als «Niederlande, Pays-Bas, Low Countries», ohne Rücksicht auf politische oder Sprachgrenzen, von den Nachbarländern unterschieden wurde. Im folgenden werde ich es genau vermerken, wenn ich von der Provinz Holland und nicht vom ganzen Staat rede.

Von dem Umfang des Kulturgebiets gibt eigentlich die Karte Hollands noch ein übertriebenes Bild. Außer Zeeland, das gleich im Anfang des Aufstandes, in den Jahren 1572 bis 1578 die Spanier vertrieben und seine Freiheit behauptet hatte, wurde alles, was südlich von den großen Strömen liegt, also die heutige Provinz Nord-Brabant, die Teile der Provinz Limburg, die schon der alten Republik angehört haben, auch der Streifen Flanderns an der unteren Schelde, erst nach 1600, also nachdem sich der junge Freistaat gefestigt hatte, von der spanischen Herrschaft befreit. Die protestantische Republik nahm diese eroberten Gebiete mit ihrer vorwiegend katholischen Bevölkerung nicht als Mitglieder der Union auf. Sie blieben «Generaliteitslanden», vom Zentrum aus verwaltet, dem Staat als solchem unterstellt und etwa den «Gemeinen Herrschaften» der alten Eidgenossenschaft vergleichbar. Am Aufbau der nationalen Kultur hatte dieser ganze südliche Teil kaum einen Anteil.

Aber auch innerhalb der sieben Provinzen der Union war die kulturelle Betätigung keineswegs gleichmäßig. Der friesische und niedersächsische Norden, vormaliges Hansegebiet, durch die spärlich bewohnten Moore und Heiden von Drente (das nicht einmal als Provinz galt) und der Veluwe von den zentralen Gegenden geschieden, lebten das nationale Leben nur in geschwächter Potenz mit. Dasselbe war der Fall mit den beiden östlichen Provinzen, Gelderland und Overijssel mit ihrem zahlreichen Landadel und kleinen Städten. Sogar von den Kernprovinzen Holland, Zeeland und Utrecht übertraf die erstere als Kulturgebiet wie als politische Macht die beiden anderen bei weitem. Wollte man auf einer Karte die kulturelle Intensität durch stärkere Färbung angeben, so würde die Farbe schon gegen Utrecht und Zeeland hin blasser werden. Die holländische Kultur zu Rembrandts Zeit konzentriert sich, produktiv und rezeptiv betrachtet, auf ein Gebiet von nicht viel mehr als hundert Quadratmeilen.

Zu Seite 33 ff.

Das merkwürdigste Anzeichen, daß man es in der jungen Republik mit einem plötzlich in der Entwicklung gehemmten und in noch unfertiger Gestalt befestigten Staatswesen zu tun hat, liegt in der Anomalie, daß man, wie bekannt, bei der Lossagung vom Souveränen, 1581, seinen Vertreter, den Statthalter, behielt, in einer Stellung, in welcher er, ohne die Attribute der Souveränität zu besitzen, doch einige ihrer Rechte ausübte und den Staaten gegenüber eine Macht darstellte, die weder unabhängig noch unterworfen war. Die Statthalterschaft war ihrem Ursprung gemäß eine provinzielle Angelegenheit. Während des ganzen 17. Jahrhunderts haben sich zwei Statthalter in die Macht geteilt.

Für das Ausland war die Republik verkörpert in den Generalstaaten, mit welchen die fremden Regierungen zu verhandeln hatten, «Leurs hautes Puissances», wie sie seit 1637 hießen. Es war die Versammlung der Abgeordneten der Provinzialstaaten, die im Haag tagte. In der inneren Verwaltung des Landes aber galten die Generalstaaten sehr wenig. Fast alle Ressorts unterstanden den Provinzialstaaten: Justiz, Gesetzgebung, Finanzen usw. Nach der Staatstheorie der Republik beruhte die Souveränität des Landes nicht bei den Generalstaaten, sondern bei diesen Provinzialstaaten, alle waren einzeln für ihre Provinzen souverän. Um 1587 hatte diese Theorie Form angenommen; man ging dabei von der Vorstellung aus, daß schon in grauer Vorzeit die Stände des Landes dem Grafen oder Herzog die landesherrliche Gewalt übertragen hätten. Das war die Idee vom Staatsvertrage, wie sie kurz vorher in den Kreisen der sogenannten Monarchomachen in Frankreich aufgekommen war.

In Wirklichkeit hatten sich die Landstände, die sich jetzt als souveräne Herren fühlten, erst spät und dürftig entwickelt, in jeder Provinz verschieden. Die Geistlichkeit war in den meisten Provinzen nie zur Vertretung gelangt, und auch wo sie Repräsentanten gehabt hatte, waren diese mit dem Aufstande verschwunden, außer in Utrecht, wo eine Spur von den alten, jetzt reformierten Kapiteln in den Staaten fortbestand. Der Landadel nahm in den östlichen Provinzen Gelderland und Overijssel eine hervorragende Stelle ein, bäuerliche Vertretungen gab es nur in Friesland und Groningen. In den zwei Seeprovinzen Holland und Zeeland gaben die Städte den Ton an. In diesen Städten aber konzentrierte sich der Reichtum, die Macht und die Kultur des Landes derartig, daß dieser politische Vorrang in der mächtigsten Provinz den Charakter einer Hegemonie im Staate annahm. Zeeland konnte dabei mit der reicheren Schwester nicht wetteifern, die Provinz Holland dominierte in der Union. Ihre Quote für die Militärausgaben der Republik betrug ja 58 Prozent, das sagt genug.

Der Typus dieser Republik war also ein Föderalismus mit schwacher Zentralgewalt, mit vorwiegend städtischem Charakter und mit Vormacht eines der Bundesmitglieder. Wie schwach die Zentralgewalt war, erhellt z. B. aus der Tatsache, daß es keinen obersten Gerichtshof für alle Provinzen zusammen gab. Das Organ, welches in Anlehnung an das ehemalige burgundisch-österreichische Regierungssystem als zentrale Leitung gedacht war, der Staatsrat, hatte sich neben den Staaten nie recht entfalten können und bildete nur eine Art Kontrollapparat. So konnte sich eine andere, noch sonderbarere Anomalie ergeben, daß ein Beamter der Staaten von bloß einer Provinz, der Ratspensionär von Holland, im Ausland allgemein als der erste Minister der ganzen Republik betrachtet wurde und auch tatsächlich in der auswärtigen Politik solche Befugnisse ausübte.

Ungeachtet aller seiner Unvollkommenheiten hat dieses unvollendete und lückenhafte politische Gebäude sich im 17. Jahrhundert siegreich behauptet. Das war aber eben nur möglich durch das erwähnte Übergewicht der Provinz Holland. Diese Vormacht im Bunde ist für das Bestehen des Staates heilsam und nötig gewesen. Wo sie schädlich wurde, hielt ihr die quasi-souveräne Macht des Statthalters, auf die anderen Provinzen gestützt, die Waage.

Zu Seite 48

... Schlacht bei Nieuwport, 1600, dem einzigen großen und siegreichen Treffen im Felde.

Zu Seite 58

Es darf Zufall heißen, daß von den fünf bekanntesten Dichtern Hollands im 17. Jahrhundert drei dem Patriziat und zwei dem eigentlichen Bürgertum angehört haben: hier Vondel, der Strumpfhändler, und Brederoo, der Sohn eines Lederhändlers, dort Hooft, Cats und Huygens.

Zu Seite 67 ff.

Nun hatte sich aber zur selben Zeit in den führenden Kreisen Hollands ein religiöser und kultureller Gegensatz von großer Tragweite entfaltet. Lange bevor der streitbare Calvinismus auftrat, waren hier die Geister der höheren Klasse weitgehend von der ernsten und kulturfrohen Lebenshaltung des Erasmianismus, von der Bildungslust des Humanismus und von den gemäßigten Ansichten des Spiritualismus erfaßt worden. Diese Bildungsschicht trat später, als es die Umstände so mit sich brachten, der reformierten Kirche mehr oder weniger offiziell bei, ohne damit ihre alte Bildungsgrundlage aufzugeben. Ihre erasmianische oder humanistische Einstellung hinderte sie aber daran, die dogmatischen Unterschiede des Calvinismus richtig einzuschätzen und

die notwendige Ehrfurcht für die lärmenden Prediger aufzubrin-
gen. Oldenbarnevelt, der führende Staatsmann – sein Titel war
noch nicht, wie später, Ratspensionär, sondern bloß Landes-
advokat – und Hugo Grotius, das philologische und juristische
Wunder, gehörten zu dieser Schicht. Auch sie hatte ihre Theologen, Arminius hieß der bedeutendste. Sie widersetzten sich grundsätzlich besonders einer Lehre des strengen Calvinismus: nämlich
der über die Prädestination. Zu diesem dogmatischen Streit-
punkte der Prädestination gesellte sich noch ein verfassungs-
rechtlicher von nicht geringer Bedeutung. Sollte die reformierte
Kirche der provinziellen Gewalt unterstehen, oder sollte ihre
nationale Organisation sich über die provinzielle Souveränität
hinwegsetzen und nur Sache der Union sein? – Als Arminianer
oder Remonstranten gegen Contra-Remonstranten standen sich
seit 1610 die Parteien gegenüber: auf der ersteren Seite das gebildete Patriziat der Provinz Holland und viele schweigende An-
hänger aus wiedertäuferischen und spiritualistischen Kreisen,
auf der letzteren die Mehrheit der Handwerker, fast alle Bauern,
soweit sie reformiert waren, der reformierte Landadel, sowie die
strengen Calvinisten, die vor kurzem erst aus den südlichen Provinzen immigriert waren. Die Prediger entfachten in der contra-
remonstrantischen Partei eine Stimmung der gewaltsamen Ent-
scheidung. Bald trat auch der Statthalter, Prinz Maurits, auf
diese Seite und versicherte sie damit der militärischen Macht,
wenn dies not täte.

Gerade zu Anfang der offenen kirchlichen Entzweiung war
der zwölfjährige Waffenstillstand mit Spanien geschlossen worden. Bisher hatte der Kriegszustand die Fortdauer der calvinistischen Herrschaft bis zu einem gewissen Grade gerechtfertigt und
unumgänglich gemacht. Was aber würde die Folge sein, wenn
man jetzt, wie es die Partei Oldenbarnevelts meinte, und wie es

der Friedensvermittler des französischen Königs Heinrichs IV., Jeannin, eifrig befürwortet hatte, das Land sich in konfessioneller Hinsicht frei entwickeln ließe? Zweifellos würden sich bald die Katholiken wieder ganz bedeutend geltend machen. Dieser auch unzweifelhaft politischen Gefahr wollte sich die streng calvinistische Partei nicht aussetzen. Und damit war eigentlich das Los der Gegner besiegelt: es war gewissermaßen das Lebensprinzip des jungen Staates selbst, das sich ihrer Politik der weitgehenden Toleranz widersetzte. Der Konflikt von 1618 war kurz und nahezu unblutig. Die remonstrantischen Stadtregierungen wurden gestürzt, die kirchlichen Angelegenheiten einer nationalen Synode in Dordrecht zur einheitlichen Regelung übergeben. Leider hatten sich während der Zwistigkeiten die Parteileidenschaften so verschärft, daß die Sieger sich nicht gescheut haben, den alten, hochverdienten Staatsmann Oldenbarnevelt auf Grund einer stark zu beanstandenden Gerichtsverhandlung seine Fehler mit dem Tode büßen zu lassen. Grotius entfloh nach zwei Jahren der ewigen Haft, zu der man ihn verurteilt hatte.

Zu Seite 85 f.

Der Wasserbauingenieur Adriaen Leeghwater – der schon Mitte des 17. Jahrhunderts die Trockenlegung des großen «Haarlemermeer» erwog, die erst 1848–1852 ausgeführt wurde – erzählt in seinen Memoiren ...

Zu Seite 88 (Anmerkung)

Briefe des Constantin Huygens: Herausgegeben von J. A. Worp in den Rijks Geschiedkundige Publicatien, 1911–1917, 6 Bde.

Gegen den Schlaf: Im Gedicht «Hofwyck», das er seinem einfachen Landhaus in der Nähe vom Haag widmete, jetzt Huygens-Museum.

Zu Seite 95

In der holländischen Literaturgeschichte verbindet man gerne den Namen Hoofts mit dem Begriff der Renaissance. Dann wäre er allerdings ein sehr später Vertreter der Renaissance. Und doch trifft es zu; sein Geist ist nicht der des Barock, sondern noch einer der späteren Renaissance. Petrarca, Sannazaro, Ronsard und Tasso haben ihn befruchtet. Auch Montaigne. Er schwankte, obwohl er gut protestantisch war, zwischen stoischen, platonischen und epikureischen Ansichten.

Zu Seite 96

Wenn es auf der Welt, außer Holland, eine Stätte gibt, wo man Joost van den Vondel ehrt, so sollte es Köln sein. Hier wurde er ja 1587 geboren; seine Eltern waren um des Glaubens willen aus Antwerpen hierher geflüchtet. Obwohl der junge Vondel nur die ersten Kinderjahre in Köln verlebt hat, hat er später immer die Stadt mit einer heiligen Verehrung gefeiert und besungen, sie in einer Art poetischen Kults mit seiner zweiten Vaterstadt Amsterdam vereinigt. Die Vondel waren mennonitisch, der Vater hatte ein ziemlich blühendes Strumpf- und Seidenwarengeschäft, welches Joost fortzuführen bekam. Er mußte sich seine Bildung, Französisch, klassische Mythologie und Geschichte, zu eigen machen, wie es ihm die Umstände boten. Die Rhetorikerkammer «In liefde bloeiende» war seine poetische Schule. Der Dichtkunst schon in jungen Jahren ergeben, hatte er sich noch zu befreien von den steifen Künsteleien der Rhetoriker, die er in seinen ersten Werken noch nicht abgelegt hat. Übersetzungen nach Du Bartas halfen ihm sein Talent formen. Obwohl er als Ladenbesitzer die Schwelle des höheren Bürgertums nicht überschritt, blieb ihm doch der halbpatrizische Dichterkreis um Hooft nicht verschlossen. Sein eigentliches Milieu aber war die rege Amsterdamer Welt von Kleinhandel und Gewerbe, wo auch die Maler und Kupferstecher verkehrten, das intensivste Zentrum vielleicht der holländischen Kulturproduktion. – Weder im Geschäft noch im Familienleben hat Vondel Glück gehabt. Zwei Kinder starben jung, dann nach glücklicher Ehe die zärtlich geliebte Frau. Der einzige Sohn, der ihm blieb, ließ das Geschäft zu grunde gehen und den Vater für seine Schulden aufkommen. Die Sorge kam für Vondel mit dem Alter. Er mußte sich von einer subalternen Stellung am Leihhaus ernähren. Inzwischen war er, etwas über 50 Jahre alt, 1641 zur katholischen Kirche übergetreten. Es scheint nicht, daß ihm sein Übertritt in der Achtung seines Freundeskreises oder seiner protestantischen Auftraggeber bedeutend geschadet hat.

Zu Seite 97

In der Art, wie Vondel mit einer naiven Begeisterung und unerschütterlichen Treue sein goldenes Kinderherz an die Sachen und Personen gehängt hat, die er verehrte, liegt etwas Ergreifendes. Zuerst war es die Sache der unterliegenden Partei im Konflikt des Jahres 1618, von dem ich früher gesprochen habe. Vondel, damals noch Mennonit, steht auf Seiten der Remonstranten; er haßt den calvinistischen Dogmatismus, vor allem die Prädestinationslehre, «Decretum horribile». Die lärmenden Prediger sind ihm zuwider. Aber größer als sein Haß ist seine Liebe. Er glüht in tiefster Verehrung für das illustre Opfer des Bürgerzwistes, Oldenbarnevelt, der sein Leben auf dem Schafott geendet hatte. Der Inspiration dieser Dinge entsprangen beißende Satiren in Liedform und im Volkston, ergreifende Klagen um den hingerichteten Staatsmann. In seinem *Palamedes* weihte er der Gerichtsverhandlung, die Oldenbarnevelt zum Tode verurteilte, ein Schlüsseldrama.

Zu Seite 100 f.

Hin und wieder entnimmt er seinen Stoff den Ereignissen des Tages: die Städteeroberungen des Prinzen von Oranien, die Seeschlachten gegen die Spanier und später die Engländer, der Fall von Magdeburg, der Tod Gustav Adolfs. Der Friedensfeier von 1648 gilt ein politisch-allegorisches Schäferspiel «De Leeuwendalers». Immer wieder aber fordert Amsterdam, sei es die Stadt selbst oder ihre Regenten, seine Leier. Erstieg aus Brederoos Lustspielen ein realistisches und pittoreskes Amsterdam der Frühzeit, aus Vondels Gedichten strahlt es in voller Reife, in einer hohen Sphäre des Heroischen und Visionären, und doch strotzend von echtem Leben, voll Straßengewühl und Arbeitslärm. Auf Amsterdam bezieht sich das Stück, das für die Entwicklung von Vondels dichterischer Gestalt das wichtigste ist: «Gysbreght van Amstel». Nach den geschichtlichen Tatsachen ist dieser ein etwas obskurer Heros Eponymus der Stadt, der wegen des Komplotts gegen den Grafen Florenz V. und dessen Ermordung 1296 das Land hatte räumen müssen, während die Stadt erobert wurde. Für Vondel wird dieser Gysbreght zum Aeneas, der aus dem brennenden Troja flieht. Aber unter der Hand klingt in der Beschreibung verübter oder fingierter Kirchenfrevel schon der katholische Ton des noch zögernden Konvertiten. An einigen Stellen hat Vondel, wie Dr. Sterck vor einigen Jahren bewies, Anklänge an «paepsche superstitien» ausmerzen müssen, bevor es ihm erlaubt wurde, sein Stück spielen zu lassen.

Bald werden die Kirche, ihre Heiligen und Märtyrer, ihre Diener im protestantischen Lande, die Hauptquelle seiner Inspiration. Wie er mit Gysbreght Amsterdam gefeiert hatte, so dichtete er im nächsten Jahre «De Maeghden», um seinen Geburtsort Köln zu ehren. Erst in der Verbildlichung der Glaubens-

25. Caspar Netscher (1639-1684)
Constantijn Huygens
Amsterdam, Rijksmuseum

26. Michiel van Mierevelt (1567-1641)
Pieter Corneliszoon Hooft
Amsterdam, Universität

27. Govert Flinck (1615-1660)
Joost van den Vondel
Amsterdam, Rijksmuseum

28. Michiel van Mierevelt (1567-1641)
Johan van Oldenbarnevelt
Amsterdam, Rijksmuseum

mysterien findet Vondel den vollen Ausdruck seiner Dichter-
seele. Hier umkleidet er den primitiven starken Symbolismus einer
mittelalterlichen Anschauung mit allen Farben der Renaissance-
dichtung und beflügelt sein Bild mit den breiten Schwingen des
Barock.

Nach mehreren Bibeldramen, zuerst noch protestantischer,
dann katholischer Inspiration, wagt er es jetzt, das Urdrama,
den Fall der Engel, zu behandeln. Der «Lucifer» bereitete ihm
aufs neue, wie früher Palamedes und Gysbreght, Unannehmlich-
keiten mit Stadtregierung und Kirchenrat.

Zu Seite 101

Die wirklich großen Dichternamen klingen in der Regel weiter
und länger als die Gelehrtennamen entsprechender Höhe. So
ist es nicht im Falle Vondel-Grotius. Diesmal hat der Denker bei
der Nachwelt den Ruhm erhalten, welcher dem Dichter versagt
blieb. Der Dichter selbst hätte es ihm nicht mißgönnt: war doch
für ihn Grotius neben Oldenbarnevelt das Objekt seiner höchsten
Bewunderung, dem er manches Gedicht geweiht hat. In ihm
ehrte Vondel außer dem Mitleidenden im großen Drama, in
dem Oldenbarnevelt fiel, die Personifizierung der höchsten Gelehrsamkeit im Dienste der Freiheit und der Gerechtigkeit.

Fassen wir noch einen Augenblick auch Grotius ins Auge,
nicht, um seine allgemeine Bedeutung in der Geistesgeschichte
abzuwägen, sondern als Vertreter seiner nationalen Kultur. Aus
einer Magistratsfamilie 1583 in Delft stammend, war Hugo
Grotius mit zehn Jahren schon als Wunderkind in seiner Heimat
berühmt. Lateinischer Dichter, Philologe, Historiker, Jurist,
auch theologisch geschult, ist er mit zwanzig Jahren die Hoffnung des Vaterlandes. Dann nimmt er sich in den kirchlich-
politischen Zwistigkeiten der Verteidigung der aristokratischen

und remonstrantischen Sache so eifrig an, daß er mit Oldenbarnevelt fallen muß. Aus der ewigen Haft auf Schloß Loevestein entflieht er, durch die Festigkeit und den Wagemut seiner
Frau, in der Bücherkiste, um sein weiteres Leben in der Verbannung zu verbringen, meistens in Paris, zuerst als Privat-
gelehrter, später als Gesandter der Krone Schwedens, immer auf
Wiederaufnahme ins Vaterland hoffend, aber nicht gesonnen,
darum zu bitten.

Grotius ist in vielen Hinsichten der vollendete Erasmianer zu
nennen. Er verkörpert in einer jüngeren Fassung dessen Ideal
eines auf die Weisheit und Schönheit der Antike abgestimmten
Lebens, erleuchtet vom Licht eines reinen christlichen Glaubens.
Für Grotius wie für Erasmus bedeutet dieses Ideal und dieser
Glauben vor allem Sanftmut, Duldsamkeit, Frieden, Einigkeit,
Sittlichkeit, Menschlichkeit. Er will in die Geheimnisse des Glaubens nicht eindringen, die Lehre nicht zu scharf präzisieren. Er
glaubt an den baldigen Sieg allgemeiner religiöser und politi-
scher Versöhnung und Eintracht.

Von Erasmus' feiner Spottsucht aber hat Grotius nichts. Er
ist ernsthaft bis ins Pedantische. Sein Geist ist gewissenhaft kon-
struktiv, er muß immer einer wichtigen, zentralen Idee die ab-
schließende Form geben, sie ganz und ordnungsgemäß ausführen.
So baut er auf solider klassischer und biblischer Grundlage sein
De jure belli ac pacis, das er 1625 dem König Ludwig XIII., als
dem Fürsten des Friedens und der Gerechtigkeit, widmet. Die
großen Verbannten haben immer den Frieden herbeigesehnt und
sich in der Erwartung seines baldigen Nahens getröstet, so Grotius, so Dante.

Aber nicht nur die rechte Staatslehre und Rechtslehre für die
Fürsten und Regierungen hat dieser geborene Didaktiker lehren
wollen, auch die rechte Glaubenslehre und Glaubenspraxis für

die ganze Welt. Auch an den bevorstehenden Kirchenfrieden hat er ja geglaubt. Die erasmianischen Vorstellungen von Konkordie und Versöhnung unter Vermeidung jedes Rigorismus in der Dogmatik bildeten die Grundlage der arminianischen Einstellung, die Grotius verhängnisvoll geworden war. Dabei fühlte er sich den Theologen der anglikanischen Kirche verwandt in seiner Verehrung für das Althergebrachte, für Episkopat und Kirchenväter, Tradition und liturgische Formen. Wir sprachen schon von seiner Sympathie für William Laud. Die englische Kirche schien ihm der alten apostolischen Kirche der ersten christlichen Zeit, deren Rückkehr er erhoffte, am meisten zu entsprechen.

Die Erfüllung scheint ihm nahe; 1640 schreibt er an seinen Vater: «So viele große, gelehrte und fromme Männer aus beiden kirchlichen Lagern fangen an, den Fehler einzusehen, daß man einerseits nicht die offensichtlichen Gebrechen verbessert, andererseits aber neue Lehren aufgestellt und alles Alte verworfen hat, während es nur eines guten Exegeten bedürfte.» Kein Wunder, daß man schon zu seinen Lebzeiten immer wieder von seiner Rückkehr in den Schoß der alten Kirche gesprochen hat. Den entscheidenden Schritt hat er aber, wie nahe er auch daran gewesen sein mag, anscheinend nicht getan. Vielleicht weil er doch im Grunde zu sehr Rationalist war.

Das bezeugt sein «Von der Wahrheit der christlichen Religion», das ihm im 17. Jahrhundert viel allgemeinere Berühmtheit verschafft hat als sein «De jure belli ac pacis». Noch Leibniz nannte es «ein goldenes Buch, darin der unvergleichliche Grotius sich selbst und alle anderen, alte und neue Autoren, übertroffen habe». Es war eine mehr auf humanistische und historische als auf theologische und philosophische Argumente aufgebaute Verteidigung der natürlichen Religion. Das Buch hat gerade durch seine Allgemeinverständlichkeit an der Vorbereitung der Geister auf den kommenden Rationalismus einen großen Anteil gehabt.

Die Züge Grotius', welche in unser Bild der holländischen Kultur passen, sind sein etwas naiver Optimismus, seine Tendenz, die Unterschiede der Lehren abzuschwächen, seine Toleranz und Friedensliebe, kurz sein Erasmianismus. Mit einigen anderen Zügen seines Wesens scheint er einer Behauptung, die wir im Anfang unserer Betrachtungen aufstellten, zu widersprechen. Die holländische Kultur, meinten wir, hebe sich ab vom allgemeinen Typus des 17. Jahrhunderts, den man, wenn man will, mit dem Worte Barock bezeichnen kann. Grotius aber, mit seinem Hang zur geschlossenen Form, mit seinem stark monumentalen und repräsentativen Gedanken, mit seinem Bedürfnis ewiger Normen, scheint in das Schema des Barock gar nicht schlecht hineinzupassen. Und noch viel mehr gilt dies von Vondel, den wir vorhin behandelten. Vondel in seiner oft schwerfälligen, aber immer hinaufstrebenden Majestät des hohen feierlichen Wortes ist der vollendete Barockdichter. Bei zwei der bedeutendsten Vertreter dieser Kultur haben wir also, wenn nicht das Gegenteil bewiesen von dem Beweis, den zu liefern wir vorhatten, so doch eine Abweichung konstatiert von der Allgemeingültigkeit unserer Voraussetzungen. Da heißt es, diesen Punkt: Barock oder Nicht-Barock, gut ins Auge fassen, wenn wir im letzten dieser drei Vorträge zu einem Überblick der bildenden Künste übergehen.

Zu Seite 108

In der vorigen Stunde habe ich Ihnen von Dichtern reden müssen, ohne ihre Gedichte vortragen zu können, jetzt werde ich von Malern zu sprechen haben, ohne Ihnen ihre Gemälde oder Handzeichnungen und Stiche zu zeigen. Hier könnte ich es allerdings in Lichtbildern tun, wenn die Zeit es zuließe, und wenn ich nicht im Lichtbilde den Erzfeind des mündlichen Vortrages zu sehen geneigt wäre. Indem ich dieser persönlichen Abneigung gegen das Lichtbild nachgebe, kann ich sogar einen beschönigenden, objektiven Grund dafür anführen, nämlich die Tatsache, daß die holländische Kunst des 17. Jahrhunderts im Original oder in der Reproduktion heutzutage so allgemein bekannt ist, daß ich Ihnen zumuten darf, sich wenigstens dies und jenes von den Sachen, die ich erwähnen werde, vorzustellen.

Zu Seite 119

Das Wesen der holländischen Landschaftsmalerei erhellt am besten aus ihrem direkten Gegensatz zu demjenigen Landschaftsbild, das sozusagen die Dominante des Barockzeitalters ertönen läßt: Claude Lorrain. Meilenweit stehen van Goyen, Ruysdael, Hercules Seghers von diesem entfernt.

Zu Seite 130

Holland ist das einzige Land Europas gewesen, das in der ersten Hälfte des 17. Jahrhunderts, sagen wir zwischen 1580 und 1670, seinen Höhepunkt erreicht hat. Soweit sich eine kulturelle und wirtschaftliche Gipfelung am augenfälligsten in einer reichen und eigenen Baukunst manifestiert, entspricht die holländische Architektur des Zeitalters ganz unseren Erwartungen. Ein üppiges Wachstum nationaler Bauformen, deren Reiz sogar in die Fremde ausstrahlte, ist da. Fragt man, wo denn die Paläste, die Kathedralen, die monumentalen Stadtanlagen sind, so ist die Antwort: sie sind nicht da und könnten auch nicht da sein. Das Land verlangte keine Paläste oder Kathedralen. Auch hier hat der wirtschaftliche Hintergrund gleichmäßig verteilter Wohlfahrt und bürgerlich-städtischen Lebens die Entfaltung einer Architektur bestimmt, welche ihren Wert und ihre Schönheit nicht in der Reinheit, Kühnheit oder Erhabenheit ihrer Formen hat, sondern in ihrem Überfluß und ihrer Buntheit. Die Schönheit der holländischen Städte steckt überall und nirgends. Der intime Reiz einer holländischen Straßenecke oder Kanalansicht geht nur selten aus der künstlerischen Vollendung bestimmter Bauformen hervor. Es ist vielmehr eine allgemeine Harmonie von Linien und Farben, eine gewisse gesunde Selbstverständlichkeit der Proportionen, eine Anspruchslosigkeit und Unbefangenheit des Ganzen, welche mit der Patina der Zeit, und vielleicht erhöht durch den hellen Ton eines Glockenspiels, unsere Empfindung einer tiefen und friedlichen Schönheit bedingen.

Zu Seite 133 (Fassade des Rathauses von Leiden)

Seit vier Jahren beklagen wir schmerzlich den Untergang dieses Monumentes.

Zu Seite 133

Würdig und streng, einfach und ernst, dem Geist des Calvinismus wahrhaft angemessen, stehen diese Kirchen da. *Hiezu die Anmerkung:* M. D. Ozinga, Protestantsche Kerken hier te lande gesticht, 1596–1793, Amsterdam 1929.

Zu Seite 133

Viel freier aber hat sich die Formkraft dieser Kunst ausgedrückt in den Türmen, die Kirchen und Rathäuser krönten. *Hiezu die Anmerkung:* E. H. Ter Kuile, De houten Torenbekroningen in de Noordelijke Nederlanden, Leiden 1929.

Zu den Seiten 143–149

Was nachläßt, das kann in einem Worte heißen: die schaffende und bildende Kraft. Die Hand scheint nicht mehr so tüchtig und gewandt, der Geist nicht mehr so kräftig und sprudelnd, das Wort nicht mehr so bunt und schlagend, der Griff nicht mehr so fest und sicher. Die schwachen Seiten der Volksart treten um so deutlicher hervor: das Phlegma scheint von ruhiger Geisteskraft zu Untätigkeit und Langsamkeit, die Bedachtsamkeit zur kleinlichen Ängstlichkeit geworden zu sein. Für die Tiefen eines Rembrandt oder die himmlischen Höhen eines Vondel ist weder Kraft noch Verständnis mehr da. Die «Deftigheid» scheint als Ersatz aller früheren Tugenden dienen zu müssen, in der Sprache wie im Tun.

Immer wieder heißt es: übertreiben wir nicht! Unser Bild einer Vergangenheit ist immer mehr oder weniger auf unseren eigenen Geschmack zugeschnitten, unser historisches Auge ist eingestellt auf die Sachen, die wir lieben. Vielleicht sehen wir bisweilen falsch, weil wir ein Zeitalter ästhetisch beurteilen, das intellektuelle Auffassung verlangt. Dennoch, ein tiefer Fall ist da.

Woher rührt dieses Nachlassen der nationalen Kräfte, das schon um 1670 einzusetzen scheint, als die Republik politisch den Jahren ihrer anerkannten Großmachtstellung noch entgegengeht? – Unter drei Gesichtspunkten kann man es, soweit das Abblühen einer Epoche überhaupt erklärt werden kann, einigermaßen verstehen. Das wären: die wirtschaftlich-soziale Verschiebung, die ich schon im Vorübergehen erwähnte, dann der französische Einfluß und schließlich das, was man das natürliche Ende der Epoche nennen könnte. Im tatsächlichen Verlauf hängt das alles selbstverständlich eng zusammen.

Der Kaufmann wird Rentier, der Großbürger wird Aristokrat. Er verliert die Berührungen mit der bürgerlichen Gesellschaft, über welche er als Ratsherr regiert, statt mit ihr als tätiger Kaufmann zu verkehren. Er hat Titel und Wappen. Die Republik hat das Patriziertum nicht offiziell geadelt – für Grafentitel blieb man auf Wien angewiesen – das hat aber die Herren nicht ge-

hindert, sich adlige Allüren und Ideen der Ebenbürtigkeit an-
zugewöhnen, alles in bescheidenen Maßen. Als einmal seine
soziale Stellung den Patrizier verpflichtet, das Bürgerliche zu ver-
achten, schneidet er sich damit den Zutritt zu den Quellen der
Nationalkultur ab. Höchstens empfindet er fortan das Volks-
tümlich-Einheimische wie eine niedere Kulturgattung, welcher
er zwar nicht ganz entfremdet ist, die aber zu seiner sozialen Persönlichkeit nicht mehr paßt und zu der er nicht mehr beizutra-
gen wünscht oder beitragen kann.

Dann fällt er widerstandslos dem französischen Kultureinfluß
anheim. Wieder sollen wir uns hüten, die Farbe zu dick aufzu-
tragen. Die Tatsache aber, daß hier in Holland der französische
Einfluß schon seit der Burgunderzeit, und noch früher, eigentlich nie gefehlt hatte und anhaltender und intensiver gewirkt
hatte als in Deutschland oder in Italien, hatte das Land, den
Geist, die Sprache in hohem Grade für französische Formen auf-
nahmefähig gemacht.

Die zwei großen Wellen romanischer Einwanderung in die
niederländische Republik haben in diesem Prozeß eigentlich nur
untergeordnete Bedeutung. Die erste, von etwa 1567 bis 1580,
war wallonisch, nicht zentralfranzösisch. Es waren vorwiegend
Handwerker, sie brachten kein bedeutendes französisches Kultur-
gut mit. Das tat dagegen wohl die zweite große Welle französischer Immigration, das protestantische Refuge um 1685. Diesmal kamen sie aus allen Gegenden Frankreichs, mehr vom Süden
als vom Norden, meistens gebildete Leute. Aber damals bedurfte es keiner leiblichen Einwanderung von Franzosen mehr,
um den französischen Einschlag in der holländischen Kultur
herbeizuführen, höchstens hat sie diesen verstärkt. Denn schon
strahlte das Frankreich des Sonnenkönigs weithin über Europa.
Nirgends fand die Saat der französischen Kultur den Boden so

bereitet wie in Holland. Durch die alten politischen und kulturellen Beziehungen seit dem Mittelalter, durch den Zuzug französischer Gelehrter, Feldobersten und Diplomaten, durch die Scaliger, Donneau, Rivet, Turenne, d'Estrades. Jetzt aber war es der Glanz dieser Kultur selber, die vollendete Form, der Stil, der Geschmack, die Mode, welche absoluter herrschen wollten als Ludwig XIV. selbst. Holland unterwarf sich wie Schweden, wie Polen, wie Deutschland. Aber Holland war durch seine Vergangenheit kongenialer als diese, es nahm die französischen Formen leichter und mit mehr Verständnis auf, und sie drangen in weitere Schichten des Volkes.

Merkwürdig, wie Holland sich gerade damals der französischen Kultur in die Arme warf, als es sich politisch mit Frankreich entzweite und einer Reihe von bitteren Kriegen entgegenging: 1672, 1689, 1701. Johann de Witt, der Staatsmann, den Ludwig XIV. sich gegenüber findet bei seinen Plänen in bezug auf Belgien, schreibt selbst ein mit französischen Wörtern gespicktes Holländisch. Um dieselbe Zeit stirbt Rembrandt, dem der Geschmack der Gönner schon zu seinen Lebzeiten den Rücken zugewandt hat, um die Lairesse und ihre Genossen zu bevorzugen.

Es fragt sich aber, ob mit dieser Veränderung die holländische Kultur nicht vielmehr mit dem allgemeinen Geist des Zeitalters, der durch die französische Form am klarsten widergespiegelt wurde, zusammengeflossen ist, oder ob sie bloß aus Nachahmungssucht und durch Entlehnung von der französischen Mode abgelöst und erstickt wurde. Die spezifisch holländischen Formen hatten sich vielleicht bis zu ihrem natürlichen Endpunkt entfaltet. Ihre Eigenart hatte auf dem Umstande beruht, daß sich in diesem Lande, bei seinem unerhörten und fast plötzlichen wirtschaftlichen, politischen und geistigen Aufschwung, eine kulturelle Hochkonjunktur entwickelt hatte in einem Augenblick, als noch allerhand Elemente, Formen, Gedanken einer älteren Phase der Kultur lebendig waren. Mit dem alten Material hatte sich der neue Geist ein entzückendes Haus gebaut. Man könnte diese holländische Kultur eine Art Intermezzo des Barock nennen. Sie reift damit aber aus eigener Anlage dem späteren Barock entgegen.

Im holländischen Geschichtsunterricht und auch in der Literatur hat man früher vom 17. Jahrhundert gerne als von «onze gouden eeuw» gesprochen. Es läßt sich kaum regelrecht übersetzen, denn «eeuw» bedeutet zugleich, und bisweilen ohne Unterschied, Jahrhundert und Zeitalter. «Gouden eeuw» heißt auch die *Aurea aetas* der klassischen Mythologie. Schon darum mißfällt mir dieser Name für unsere Blütezeit, die doch keineswegs tatenlose Ruhe und Genießen bedeutet hat, sondern ganz von Aktivität, frischem Wagemut, Erfindungs- und Gestaltungskraft erfüllt gewesen ist. Außerdem hat «gouden eeuw» den ironischen Beigeschmack, als ob man nebenbei an das gemünzte Gold in den Truhen der Kaufherren dächte. Tatenlose Ruhe und angehäufter Reichtum würden besser zum Bilde des holländischen 18. Jahrhunderts passen.

Wir sagten es schon: die Kultur Hollands tritt vor dem Ende des 17. Jahrhunderts in einen Zustand der Erstarrung. Es scheint alles so flach zu werden wie das Land selbst. Das allgemeine Kulturniveau ist vielleicht höher, eine gewisse Bildung reicht vielleicht etwas tiefer in die niederen Volksschichten als in den Ländern ringsumher, aber die Glut fehlt, es gärt nichts im Volke. Die große Malerei hat fast plötzlich aufgehört. Cornelius Troost steht, wenigstens in den Handbüchern, einsam da zwischen den vielen braven Routinemalern. Der Kupferstich sinkt wieder zum bloßen Handwerk herab. Die Poesie klingt matt und weich, die

Prosa wird trocken, steif und unendlich breit. Die Geister sind aufgeklärt, aber nicht ganz wach. Seelenvergnügt sonnt sich das Land in der Herrlichkeit des neuen optimistischen Glaubens an Freiheit und Menschlichkeit oder in den Vertröstungen des erschlafften alten Glaubens an eine hausbackene Vorsehung und einen Schöpfer in otio cum dignitate.

Aber mit diesem Bilde des Kulturschlafes kann ich Sie nicht von Holland Abschied nehmen lassen. Wagen wir den Ausblick in spätere Zeiten. Es hat lange gedauert, ehe wir diesen nationalen Schlummer ganz abgeschüttelt haben. Holland hat das ganze 18. Jahrhundert sozusagen in gedämpftem Tone mitgemacht. Die Ereignisse behalten etwas Kleinliches, den Personen fehlt die hohe Statur, den Bestrebungen haftet etwas Naiv-Phrasenhaftes an. Weder die Geschichte der Auflehnung gegen die alten Staatsformen noch die der Umwälzung gegen Ende des Jahrhunderts, sogar kaum die der Erhebung gegen die Napoleonische Herrschaft, eignen sich zu einer heroischen Darstellung. Die Geistesbewegungen der Aufklärung, der Empfindsamkeit, der aufkommenden Romantik haben wir brav mitgemacht. Noch während der ersten Hälfte des 19. Jahrhunderts kommen wir in vielen Hinsichten dem übrigen Europa ein wenig keuchend nach.

Dann aber hat sich das alles geändert. Nach der Mitte des 19. Jahrhunderts, als Thorbecke das Staatsleben erneuert hatte – ich sage nicht infolgedessen, wieviel auch diese politische Erneuerung für das nationale Leben im allgemeinen bedeutet hat – damals hat sich Holland allmählich wieder wirtschaftlich, sozial und geistig ganz zur zeitgemäßen Höhe erhoben. Wir leiden noch manchmal darunter, daß man uns in der Welt für eine Antiquität ansieht. So lehren es ja die Schulbücher, die sich in solchen Sachen immer sehr schwer korrigieren lassen. So lehren es bisweilen sogar Beobachter, die besser hätten zusehen sollen.

Man kann kaum sagen, daß im holländischen Volke von heute die Erinnerung an seine Glanzzeit besonders stark lebt. Die Gedanken sind auf anderes als auf historisch-nationale Ruhmestaten der Vergangenheit gerichtet. Als nationales Exempel wirkt die einstige Größe der Väter nicht bewußt mehr nach, wenn man es auch den Gelegenheitsredner öfters behaupten hört. Wer aber diese Vergangenheit kennt und auch sein eigenes Volk von heute kennt, der weiß, daß von den geistigen Anlagen, vom Charakter, von der seelischen Kraft – die einst, wichtiger als alle in der materiellen Struktur beruhenden Bedingungen, die Größe dieses einen Zeitalters in der holländischen Geschichte ermöglicht haben, – auch jetzt und für kommende Zeiten noch nichts verloren gegangen ist.

VERZEICHNIS DER ABBILDUNGEN

GESCHICHTSSCHREIBUNG IM SCHATTEN
VON MORGEN

NACHWORT VON BERND ROECK [*]

I Zwischen Indien und Haarlem

Der Autor des vorliegenden Buches, Johan Huizinga, kam 1872 im niederländischen Groningen als Sproß einer alteingesessenen Mennonitenfamilie zur Welt.[1] Sein Vater war Professor für Physiologie an Groningens Universität; Johan aber wollte von den Naturwissenschaften nichts wissen, schon während seiner Schulzeit begeisterte er sich für Geschichte. So erzählt er davon, wie er über die bunten Kostüme eines historischen Umzugs staunte, alte Wappen studierte, Münzen sammelte. Dürfen wir dem autobiographischen Bericht glauben, war es der «Zauber der alten Dinge», der Huizinga zur Historie hinzog.[2]

Freilich, Geschichte galt schon damals als brotlose Kunst. So studierte Huizinga zunächst Sprachwissenschaft. Er muß ein Sprachgenie gewesen sein, lernte Hebräisch und Arabisch, dazu Mittelhochdeutsch, Sanskrit, Russisch, Litauisch und noch einige weitere Sprachen. Daneben befaßte er sich mit Völkerkunde, analysierte Märchen und Mythen, beschäftigte sich mit den Theorien über ihre Entstehung. Endlich belegte er noch Niederländische Philologie, Geographie und Geschichte und absolvierte, um seine Berufsexistenz zu sichern, das Lehrerexamen. Nach einem Intermezzo an der Universität Leipzig fertigte er in Groningen eine Doktorarbeit, die sich mit der Rolle des Hofnarren im altindischen Theater beschäftigte. Noch im Jahr der Promotion, 1897, trat er in Haarlem eine Stelle als Gymnasiallehrer an.

Durch die Publikation von Aufsätzen über Themen der indischen Literatur- und Religionsgeschichte versuchte Huizinga in den folgenden Jahren, sich über die Leiden des Lehrerdaseins hinwegzutrösten und die Tür zu einer Universitätslaufbahn offenzuhalten. Tatsächlich avancierte er 1903 zum Privatdozenten für altindische Literatur- und Kunstgeschichte an der Universität Amsterdam; zum Historiker qualifizierte er sich mit einer umfangreichen Studie über die Stadterhebung Haarlems. Gegen mancherlei Widerstände wurde der gerade 33jährige 1905 als Professor für Geschichte an die Universität seiner Vaterstadt Groningen berufen.

Sein Leben verlief nun für lange Zeit in den ruhigen Bahnen einer typischen Gelehrtenexistenz an der Seite seiner Gattin Mary Vincentia Schorer, Tochter einer reichen Middelburger Familie; den Landsitz der Familie, Toornvliet auf Seeland, nutzt er gewöhnlich als «Sommerresidenz». Nach Marys frühem Tod wird er 1937 ein zweites Mal heiraten, eine um gut dreißig Jahre jüngere Frau.

Einige Passagen der «Holländischen Kultur des siebzehnten Jahrhunderts» spiegeln Erinnerungen an Orte der Jugend: so, wenn der Autor Seeland als das «bezauberndste Gemeinwesen Niederlands» rühmt – «wo die Lichter weicher, die Fernen mitreißender, die Weiden grüner» seien (91); oder wenn er den «Grote Markt» seiner Geburtsstadt Groningen – das «weite Groningen», sagt er einmal – in seiner um 1800 verlorenen Gestalt als den «schönsten Platz in diesen Landen» bezeichnet (131). Und dachte er nicht an die Wurzeln der eigenen Familie, wenn er von der «breiten stillen Frömmigkeit» der Mennoniten, jener «ruhigsten unter allen Bürgern», schreibt (69)?

Ein erster Höhepunkt der Karriere war 1915 mit dem Ruf an die Leidener Universität, auf einen der renommiertesten Lehrstühle des Landes, erreicht. Die Mitgliedschaft in der Amsterdamer Akademie, bald auch Einladungen zu Vorträgen in aller Welt spiegelten das wachsende Ansehen Huizingas. 1919 erschien sein «Herbst des Mittelalters», eine glanzvolle Epochendarstellung, die – neben dem Spätwerk «Homo ludens» von 1938 – den Ruhm des Kulturhistorikers als eines der Größten seiner Zunft bis heute begründet. Daneben verfaßte er unzählige Essays, Zeitungsaufsätze und Bücher, darunter eine Biographie Erasmus von Rotterdams, die 1924 erschien, und zwei bemerkenswerte Studien über die Vereinigten Staaten von Amerika. Zum Lebensbild Huizingas gehört schließlich der Hinweis auf seine zahlreichen wissenschafts- und kulturpolitischen Aktivitäten; seine Stellung als führender Historiker der Niederlande kam auch darin zum Ausdruck, daß er die Thronfolgerin Juliane in Geschichte unterrichtete.

II Am Abgrund

Die «Holländische Kultur im siebzehnten Jahrhundert» kann als Epochenporträt in doppeltem Sinn gelesen werden. Nur bei vordergründiger Betrachtung gibt das Buch einfach die facettenreiche Darstellung einer weit zurückliegenden Zeit. Zugleich ist es Autobiographie. Es spiegelt die Befindlichkeit seines Autors, läßt seine Sehnsüchte und Träume, aber auch seine Ängste aufschimmern.

Die ersten Spuren des Projekts, dem «großen» 17. Jahrhundert eine Darstellung zu widmen, finden sich in einigen Vorträgen, die Huizinga zwischen 1930 und 1932 an der Universität Tübingen, an der Pariser Sorbonne und in Köln hielt.[3] Daraus erarbeitete er eine erste Druckfassung, die 1933 – in deutscher Sprache – in Jena erschien.[4] Der Untertitel erläuterte, daß der Verfasser die «sozialen Grundlagen» und die «nationale Eigenart» der holländischen Kultur des 17. Jahrhunderts zu schildern gedachte. Diese in erster Linie für deutsche Leser bestimmte Publikation blieb indes nicht die gültige Version. Vielmehr war es eine zweite, wesentlich umfangreichere Darstellung in niederländischer Sprache, die Huizinga 1941 publizierte; sie wurde über ein Jahrzehnt nach

dem Tod des Verfassers neu aufgelegt und auch in die Werk-
ausgabe, die zwischen 1948 und 1953 erschien, übernommen. Ihr
Text bildete die Grundlage für die Übersetzung des Schweizer
Historikers Werner Kaegi, der als Biograph Jacob Burckhardts
Berühmtheit erlangen sollte; sie erschien 1961 im Basler Verlag
Benno Schwabe und bildet die Grundlage der vorliegenden Ausgabe. Die von Kaegi mitgeteilten Textfragmente der Jenaer Fassung, die Huizinga in seine Version letzter Hand nicht übernommen hatte, sind auch in unserer Ausgabe berücksichtigt.

Als der Leidener Historiker an jener «Urfassung» arbeitete,
hatte sich der europäische Horizont verdunkelt. Er hat diese Entwicklung in verschiedenen kulturkritischen Beiträgen kommen-
tiert.[5] Und er hatte gehandelt: Als Rektor der Leidener Universität hatte er im April 1933 dem eingefleischten Nationalsozialisten
Dr. Johann van Leers, einem Deutschen, die Tür gewiesen, weil
dieser als Verfasser einer antisemitischen Hetzschrift hervorgetreten war. Huizinga meinte im Verlauf der Anhörung van Leers',
es habe sich offensichtlich «zwischen den Meinungen Westeuro-
pas und den Anschauungen in Zentraleuropa ein Abgrund ge-
öffnet.»[6]

Zu einer umfassenden kritischen Analyse verdichtete der Historiker sein Unbehagen an der Kultur des 20. Jahrhunderts
wenig später, in dem Buch «Im Schatten von morgen». Dieses
Werk – es erschien 1935 – sollte parallel zur «Holländischen Kultur des siebzehnten Jahrhunderts» gelesen werden. Erst so läßt
sich Huizingas Diskurs verstehen.

«Im Schatten von morgen» ist eine Analyse des «kulturellen
Leidens unserer Zeit». Die Schrift fügt sich in einen Trend zur
Kulturkritik, deren bekannteste Exponenten Oswald Spengler,
José Ortega y Gasset und, wenngleich mit ganz anderer Perspek-
tive, Sigmund Freud sind. «Wir sehen vor Augen, wie fast alle

Dinge, die einst fest und heilig schienen, schwankend geworden sind: Wahrheit und Menschlichkeit, Vernunft und Recht»,
schreibt er darin. «Wir sehen Staatsformen, die nicht mehr funk-
tionieren, Produktionssysteme, die im Sterben liegen. Wir sehen
soziale Kräfte, die ihr Wirken ins Sinnlose steigern. Die dröh-
nende Maschine dieser Zeit scheint im Begriff, festzulaufen.»[7]
Huizinga vermißte Maß und Harmonie zwischen Geist und
materiellen Werten, sah Ethik und Moral im Verfall begriffen.
Die Künste seien durch Stilverlust und Irrationalisierung gekennzeichnet; er denkt, in diesem Punkt hatte er enge Grenzen,
an Maler wie Picasso. Die «unsittliche Autonomie» des Staates schließlich werde von ihren Anhängern – namentlich genannt werden Carl Schmitt und Hans Freyer – unbedenklich
gefeiert. «Der Staat dem Staat ein Wolf», dieses Prinzip erscheine
als Lehrsatz, ja als politisches Ideal. In der Lehre vom Staat
als einem über allen Gesetzen des Völkerrechts und der Moral
stehenden Raubtier identifiziert Huizinga die größte aller Gefahren, «welche die westliche Kultur mit dem Untergang bedrohen».[8]

Huizinga sah sich am Ende einer Kulturepoche. Für den wichtigsten Unterschied der gegenwärtigen Krise zu früheren Kultur-
krisen hielt er den Verlust der retrospektiven Option. Zurück zum
Alten, Verlorenen, zu alter Weisheit, Tugend oder Schönheit, zu
den Vätern – das sei der eigenen Zeit fremd geworden. «Ein allgemeines Zurück gibt es nicht», lautet sein Schluß.[9] Er weigerte sich
dennoch, wenigstens nach außen hin, in Pessimismus zu verfallen,
obwohl es damals – wie wir Heutigen wissen – wenig Grund für
Hoffnung gab. Trost und Sicherheit bot die Geschichte. Schon
1919 hatte er bemerkt: «Ich weiß nicht, ob Sie das Gefühl haben,
Vorlesungen über Geschichte zu brauchen, aber ich habe sie
nötig, um mich an der Geschichte festzuhalten.»[10]

Andererseits war Huizinga ein viel zu guter Historiker, als daß er sich von Spekulationen, die Verfall und Untergang als unentrinnbares Schicksal behaupteten, hätte blenden lassen. Die Zukunft galt ihm als ein Unternehmen mit offenem Ausgang: «Es gibt nur ein Voran, auch wenn uns schwindelt vor unbekannten Tiefen und Fernen, auch wenn die nächste Zukunft als ein in Nebel gehüllter Abgrund gähnt.»[11] Während er sich hier doch noch zu trotzigem Optimismus bekennt, ist ein 1940 für die Zeitschrift «The Fortnightly» verfaßter Artikel von Skepsis durchtränkt. Es ist eine Art Postskript zur älteren Schrift, die düstere Diagnose einer heillosen Zeit, in der verderbliche Ideologien triumphierten und die alten kulturellen und ethischen Grundlagen der europäischen Gesellschaften zerbarsten.[12]

III Besonnte Vergangenheit, goldenes Mittelmaß

Die erste Fassung der «Holländischen Kultur im siebzehnten Jahrhundert» entstand zur selben Zeit, als ihr Autor mit jenen düsteren Gedanken umging, die sich im «Schatten von morgen» verdichteten. Im Dunkel der Gegenwart schien die «vergangene Herrlichkeit» des großen 17. Säkulums um so heller zu leuchten. Huizinga hat im Titel seiner «Skizze» zwar bewußt die Rede vom «Goldenen Zeitalter» vermieden: «Wenn unsre Blütezeit einen Namen haben soll, so nenne man sie nach Holz und Stahl, Pech und Teer, Farbe und Tinte, Wagemut und Frömmigkeit, Geist und Phantasie.» (148 f.) Es ist ein Paradies von herber Schönheit – aber eben doch ein Paradies, ein batavisches Arkadien, an dessen Bild der Autor «im Schatten von morgen» mit Melancholie, ja mit Schmerz zurückdenkt. Man könnte den Versuch machen und zu den Schlüsselbegriffen von Huizingas kulturkritischem Text die jeweiligen Gegenbegriffe suchen: Sie formulierten sein ideales Bild des 17. Jahrhunderts.[13]

Es definiert sich für ihn vor allem über das, was das 20. *nicht* ist.

Wo er in seiner eigenen Zeit Asymmetrien und Widersprüche wahrnahm, soziale Schieflagen, Machtkonzentration, entdeckte er dort «glückliche Verteilung von Erwerb und Wohlstand». Das niederländische Patriziat sei noch nicht verkarstet, noch bürgerlich genug gewesen, um die alten Tugenden von Einfachheit und Sparsamkeit in Ehren zu halten. Er sieht es als «echte Bürgeraristokratie, die eine kräftige, gesunde und vor allem sehr gleichmäßig verteilte Gruppe von Konsumenten der Kultur darstellt» (54). Ämter wie die des Stadthalters und des Ratspensionärs von Holland beschreibt er als «Monstrositäten» im «sonderbaren», aus «souveränen» Provinzen errichteten Bauwerk der Union (38 f.). Der Hof des Regenten sei, wie der Historiker beifällig feststellt, von bescheidenem Zuschnitt geblieben. Friedrich Heinrichs dynastische Ambitionen empfindet Huizinga als Sünde am Geist der Nation: «Er und sein Sohn haben […] Niederland nicht begriffen.» (50).

Im übrigen sind Huizingas Niederlande durch und durch vom Mittelstand geprägt, für die Kultur des «Volkes», der Bauern etwa, hat er keinen Blick. Er feiert eine Gesellschaft von buchstäblich goldenem Mittelmaß, in der alle Gegensätze, die den Rest des Kontinents zerreißen, auf wundersame Weise ausgeglichen scheinen. Auch die Calvinisten haben an der Herstellung dieser Harmonie ihren Anteil. Sie hätten der Gesellschaft die Tugenden der Einfachheit, der Sparsamkeit und Reinlichkeit implantiert. Indes wurden die Niederländer nie glühende Apostel Calvins, sie blieben Schüler des friedliebenden Erasmus, dessen Geist Huizinga als dem eigenen verwandt erschien.[14]

Der inneren Harmonie der Republik entsprach in seiner Sicht eine friedfertige Außenpolitik, die nicht viel gemein hatte mit dem

Raubtiergebaren anderer europäischer Staaten. Die Holländer werden der Leserschaft als ein dem Militärischen wenig geneigtes Volk vorgestellt. Den Achtzigjährigen Krieg fechten weitgehend andere aus, vornehmlich Deutsche und Wallonen; die Niederländer selbst bleiben zu Hause, bestellen ihre Felder, sie fangen Heringe und treiben Handel (46). Der Statthalter erscheint bei Huizinga nicht als militärischer Führer, vielmehr als populäre Gestalt und Gegengewicht zur Aristokratie. Daß Wilhelm II. von Oranien noch 1650 versucht hatte, Amsterdam militärisch zu besetzen und die Regenten zu entmachten, muß man anderen Quellen entnehmen.[15] Schwerlich übergehen ließen sich allerdings die Seekriege, welche die Generalstaaten mit Härte und meist erfolgreich führten. Die großen Schlachten erwähnt Huizinga aber nur, weil sie der Malerei als Vorwurf dienten (48). Die niederländische Flotte – um die Mitte des 17. Jahrhunderts immerhin die stärkste der Welt – begegnet allein als Maschinerie zur Produktion nationalen und demokratischen Bewußtseins (47). Daß von der oranischen Heeresreform, die aus der niederländischen Armee ein schlagkräftiges, in ganz Europa bewundertes, gefürchtetes und dann auch nachgeahmtes Kriegswerkzeug machte, nicht die Rede ist, verwundert in diesem Kontext kaum.

IV Der Historiker als Nekromant

Im Januar 1933 referierte Huizinga in Berlin über die Mittlerstellung der Niederlande zwischen West- und Mitteleuropa. Er sprach, ältere Gedanken aufgreifend, von der langen freiheitlichen Tradition seines Vaterlandes, seiner geistigen Offenheit und, vor allem, von seiner Eigenständigkeit. Dieselbe Botschaft übermittelt die «Holländische Kultur des siebzehnten Jahrhunderts» ihren deutschen Lesern. Die Niederlande, erfuhren sie, sind etwas ganz Eigenartiges, eine «Grille der Geschichte» (32), schon durch ihre kulturelle Physiognomie von allen Nachbarn grundsätzlich verschieden. Sie sind eine Nation mit historisch gewachsener Identität. Damit wandte sich Huizinga sowohl gegen großniederländische Träume als auch gegen das deutsche Fabulieren von den Niederlanden als germanischem Randstaat.[16] Ein Buch, das von Rembrandt als dem «deutschesten aller deutschen Künstler» schwadronierte – Julius Langbehns «Rembrandt als Erzieher» –, erreichte in Deutschland zwischen 1890 und 1938 nicht weniger als 90 Auflagen. Huizinga konstatiert, sicher mit Blick auf den «Rembrandtdeutschen», trocken, man begreife Rembrandt aus Holland heraus und Holland aus Rembrandt, er sei das völlig echte Kind seines Landes und seines Volks (127).

Huizingas Holländer begegnen uns als gelegentlich etwas derbe und eher hausbackene Leute. Aber sie sind herzlich, anständig und fromm, dabei doch leiblichen Freuden alles andere als abgeneigt. «Slechte Deftigheyd» seien die Schlüsselworte, die sie am besten kennzeichnen: «Schlichte Deftigkeit», das ist eine Eigenschaft, in der sich Einfachheit und Nüchternheit mit Würde und Stattlichkeit begegneten (85). Der Autor nimmt die Texte der Dichter des 17. Jahrhunderts, der Joost van den Vondel, der Brederoo, Pieter Hooft oder Huygens, als Spiegel, in denen sich Land und Leute zeigten, «wie sie gewesen sind» (90). Diese und einige andere sind seine wahren Helden. Die prägnanten Skizzen, die er ihnen widmet, erscheinen als Glanzlichter seiner kulturhistorischen Morphologie.

Vor allem aber sind es Bilder – Gemälde, Radierungen, Kupferstiche –, mit deren Hilfe unser *Historicus* sein Geschichtsbild fertigt. Es ist in der Tat schwer, sich der Kraft jener «Fotografien des großartigen 17. Jahrhunderts» (Théophile Thoré) zu entziehen. Huizingas Holländer sehen so aus, wie Frans Hals und Jan Steen sie einst in Öl bannten: kräftige Männer mit roten Gesichtern, die zu zechen verstehen und zu lieben; würdige Herren, die uns Nachgeborene mit wachem, skeptischem Blick mustern, als lauschten sie gespannt unserem neugierigen Fragen; alte Frauen, in deren faltige Gesichter sich harte Arbeit und Frömmigkeit geschrieben haben, junge Mädchen auch von praller Lebenslust und vibrierender Sinnlichkeit: Rembrandts Saskia!

Ihr Leben spielt in schmucken, behäbigen Städten, durch die sich, silbernen Adern gleich, die Grachten ziehen. Sie wohnen unter schimmernden Dächern, wandeln, im Licht eines warmen Sommertags, auf Gassen und Plätzen, die so sauber gefegt sind wie auf den Haarlem-Veduten der Berckheyde. Auch ihre von der Morgensonne beleuchteten Wohnungen funkeln vor Reinlichkeit, man denkt jetzt an Gemälde Pieter de Hoochs, Samuel van Hoogstratens oder Jan Vermeers. Huizinga gibt buchstäblich das Bild einer «besonnten Vergangenheit», aus dem der notorische niederländische Nieselregen verbannt ist. Sein Holland liegt unter dem großen, weiten Himmel Ruisdaels, nicht in dem diesigen Grau, das Jan van Goyen durch Tausende seiner Gemälde nobilitiert hat. Das warme Sonnenlicht, in das der Historiker seine Szenerien ein ums andere Mal taucht, ist wichtiges Stilmittel, um Stimmungen zu evozieren. Zugleich ist es Metapher.

Unter den Historikern des 20. Jahrhunderts gibt es tatsächlich keinen zweiten, der so in Bildern gedacht hat wie Huizinga. In seiner Jugend stand er den ästhetizistischen Strömungen der «Tachtigers, einer der wichtigsten literarischen Strömungen der Niederlande in den 1880er Jahren, dann ihrer Nachfolgebewegung, dem Kreis um die Kunstzeitschrift «De Kroniek», nahe. Huizinga war übrigens selbst ein hervorragender Zeichner. Schon in seiner Antrittsvorlesung an der Universität Groningen, im November 1905, hat Huizinga das Verhältnis von «ästhetischer Vorstellung» und Geschichte diskutiert.[17] Der Vortrag gehört eigentlich in die damals virulente Diskussion um den Wissenschaftscharakter der Geisteswissenschaften, um die Frage, welcher Art ihre Methoden, wie sicher ihre Wahrheiten seien. Während die Naturwissenschaften Gesetze ermitteln, ihr Erkenntnisziel ein Allgemeines ist, beschreibt der Historiker Individuelles, und er bedient sich dabei einer spezifischen Art der Mitteilung.

Huizinga schildert den historischen Erkenntnisprozeß als komplexe Auseinandersetzung mit «denkbeelden» – Denkbildern – subjektiven, ja «geahnten» Vorstellungen von vergangenem Geschehen. Die Aufgabe des Geschichtsschreibers besteht darin, diese Bilder zu evozieren. Der Historiker ist Nekromant. Aus den Luftgebilden der Erinnerung läßt er Szenerien und die Menschen darin Dasein gewinnen, er beschwört die Dinge, gibt ihnen Form und Leben. Freilich findet er sich bald in der Rolle des Zauberlehrlings, der der gerufenen Geister nicht mehr Herr wird. In den Köpfen der Leserschaft treiben sie ihr eigenes Wesen, schlagen ihre Kapriolen. Sie verselbständigen sich, kaum halten die Fäden, die jene alten Wiedergänger an ihre längst verlorene Wirklichkeit aus Fleisch und Blut binden. Sie mögen noch so dünn sein und zum Zerreißen gespannt – solche Bindungen unterscheiden Huizingas Geschichtsschreibung dann doch von schöner Literatur, mit der sie sonst viel gemeinsam hat.

Bilder – wirkliche, gemalte Bilder – standen auch am Anfang der Konzeption seines «Herbst des Mittelalters»: Gemälde der Brüder van Eyck. Wie der Autor dann Zeugnisse der Poesie, der Skulptur, der Malerei und die Erzählungen der Chronisten zu einem schimmernden Mosaik komponiert, ist in der Geschichtsschreibung des 20. Jahrhunderts ohne Parallele. Bereits die im Titel gebrauchte Metapher ist von enormer Suggestivkraft: Herbst, das läßt Reife assoziieren, Fülle und Farbigkeit, aber auch den fauligen Geruch modernder Blätter, Tod, Verwesung. Eine eigenartige Melange von Melancholie und Festlichkeit bestimmt den Ton dieses Meisterwerks, das im doppelten Sinne ähnlich «epochal» ist wie Jacob Burckhardts «Cultur der Renaissance in Italien». Es *macht* ein Zeitalter.

Die Dramaturgie der «Holländischen Kultur» gleicht jener des Mittelalter-Buches. Wie in einem impressionistischen Gemälde mischen sich hingetupfte Farben, angedeutete Formen zu einem Gesamtbild, das am Ende als in sich geschlossen und stimmig erscheint. Der wunderbare Stil zieht in seinen Bann, die selbstgewissen, pointierten Urteile des Autors lassen Fragen verstummen und Zweifel. Das Buch wurde wiederholt aufgelegt und in mehrere Sprachen, ins Englische, Italienische, selbst ins Rumänische, übersetzt. Für viele ist das Holland des 17. Jahrhunderts noch immer das Holland Johan Huizingas.

V Licht und Schatten

Natürlich wurde sein suggestives Bild inzwischen an vielen Stellen retuschiert oder übermalt.[18] Die harmonischen Farben sind hier und da grelleren Kontrasten gewichen, man sieht Risse und Brüche, wo Huizinga allenfalls Passagen und Nuancen zeigte. So unterschätzte er die Gegensätze zwischen Calvinismus und bürgerlicher Kultur, zwischen Prediger und Kaufmann;[19] die nicht gerade zimperlichen Methoden, mit denen die «Vereinigte Ost-Indische Companie», die berühmt-berüchtigte VOC, ihr Imperium in Übersee errichtete, verschweigt er ebenso wie den niederländischen Sklavenhandel – das dunkelste Kapitel in der Erfolgsstory der Wirtschaftsmacht.[20] So etwas fügt sich ja kaum in das Bild eines friedliebenden Völkchens, das seine Erfüllung darin findet, in Poldern zu arbeiten, elfenbeinfarbene Milch zu Butter zu verrühren und zum Feierabend aus Goudaer Tonpfeifen blauen Rauch in den Ruisdael-Himmel zu blasen.

Die Leserschaft liest kein Wort von der Wende des Jahres 1650, als nach dem Tod Wilhelms II. das Amt des Statthalters einfach aufgehoben wurde und sich das Staatswesen ganz in eine Föderation souveräner Republiken wandelte, mit Holland als dominierender Macht: Der Name der Provinz wird ja bis heute immer wieder als Synonym für das Ganze genommen. Genau besehen, schildert Huizinga ein «kurzes», bis etwa 1670 reichendes 17. Jahrhundert, in dem die Kriege gegen Ludwig XIV., die Statthalterschaft Wilhelms III. oder die Lynchmorde an dem Ratspensionär Johan de Witt und dessen Bruder Cornelis nicht vorkommen. Selbst die Malerei läuft, wie Huizinga sich ausdrückt, mit der «dunklen Abendglut» der letzten Jahre Rembrandts schon «dem Ende zu»; der Meister selbst verfällt wegen seiner Orientierung am Barock scheuer Kritik (139).

Nun waren weder Rembrandt noch die übrigen Holländer so holländisch, wie der Patriot Huizinga glauben macht. Man sieht inzwischen deutlicher, wie viel die niederländische Malerei der Auseinandersetzung mit der damals noch immer führenden italienischen Kunst verdankt; heute würde wohl niemandem mehr einfallen, Rembrandt wegen seiner *italianità* zu tadeln.[21] Die Bürger der holländischen Städte lasen die Autoren der klassischen Antike nicht weniger als Brederoos Lustspiele oder Vondels Dramen, sie kauften in Venedig und Rom moderne Bilder und antike Skulpturen, auch der Staat erwarb das eine oder andere Stück. Die neuere Forschung hat auch gezeigt, wie sich in den Oberschichten seit dem 16. Jahrhundert allmählich italienische und französische Muster von *civilité* und *courtoisie* verbreiteten.[22]

Andererseits bewahrten doch auch wesentliche Züge von Huizingas Darstellung bis heute Gültigkeit. Unzweifelhaft waren die Niederlande ein vergleichsweise liberales Staatsgebilde, das den unterschiedlichsten Glaubensgemeinschaften eine – alles in

allem – friedliche Koexistenz ermöglichte. Bezeichnenderweise
blieben viele Holländer *stilstaanders*, religiös unentschieden. Es
war ein gutes Land für den öffentlichen Diskurs, für Bildung und
Wissenschaften, für das Geschäft des Druckens und Publizierens.
Der Alphabetisierungsgrad lag weit über dem europäischen
Durchschnitt. Die Juden konnten ihre Religion auf ähnliche Weise
ausüben wie protestantische Minderheiten, Täufer oder Katholiken; ihre Rechtsstellung war, auch in diesem Punkt hat Huizinga
recht, besser als irgendwo sonst in Europa. Ein eklatantes Indiz
für das rationale Klima in den Niederlanden ist das ebenfalls bei
ihm nachzulesende (und zutreffende) Faktum, daß hier die Hexenverfolgungen viel früher endeten als in den meisten anderen
Staaten Europas. Neuerdings wurde sogar die keinesfalls abwe-
gige These formuliert, die europäische Aufklärung habe ihren
Ausgang von den Niederlanden genommen.[23]

Ebenso wird man Huizingas positiver Einschätzung des politischen Systems folgen. Weit davon entfernt, demokratisch nach
dem modernen Begriff zu sein, bot es doch ein vergleichsweise
hohes Maß an Partizipationschancen (die allerdings auf die Mitglieder der calvinistischen «Öffentlichkeitskirche» beschränkt
blieben). Der Unabhängigkeitskrieg hatte das Gefühl, einer nationalen Gemeinschaft anzugehören, gestärkt. Mit der Zeit wird ein
nicht allein auf die eigene Stadt oder die eigene Provinz bezogener
Patriotismus faßbar. Als dessen sichtbarsten Ausdruck hat man
die «Kartenmanie» der Niederländer herausgearbeitet – ihre Vorliebe für prächtige Landkarten, die die Nation als ganze faßten
und die guten Stuben zu Tausenden geschmückt haben müssen.[24]

VI Das holländische Wunder, heute

Eine Frage, die Huizinga ganz am Anfang seines Buches auf-
wirft, zielt auf ein Phänomen, das noch immer zu den faszinie-

rendsten der europäischen Geschichte gehört: «Wie ist es möglich gewesen [...], daß ein so kleines und abgelegenes Gebiet, wie Holland im Europa des siebzehnten Jahrhunderts es war, als Staat, als Handelsmacht und als Quelle der Kultur so sehr im Vordergrund hat stehen können, wie die junge Republik es getan hat?» (10) Das «holländische Wunder» hatte schon die Zeitgenossen beschäftigt; Huizingas Rede davon geht übrigens auf eine oft zitierte Formulierung des englischen Botschafters im Haag, Sir William Temple (1628–1699), zurück: Die Vereinigten Provinzen seien «die Furcht einiger, der Neid anderer und das Wunder aller ihrer Nachbarn».

Unter den Voraussetzungen nimmt für Huizinga die geographische Lage die erste Stelle ein. Sie habe schon im Mittelalter die Schiffahrt auf dem Meer, auf Flüssen und Kanälen im Land selbst begünstigt, habe den Aufstieg der Niederlande befördert; dann, als Konsequenz jener amphibischen Verhältnisse, die Blüte der Städte. Schon durch die geographischen Gegebenheiten hätte sich kaum Großgrundbesitz herausbilden können. Der Aufschwung des Handels habe im übrigen Jahrhunderte vor dem Unabhängigkeitskampf eingesetzt; er habe dann vom Fehlen einer regulierenden Zentralgewalt ebenso profitiert wie die Blüte des Handwerks. Es kennzeichnet Huizingas aufs Individuelle zielende Geschichtsbetrachtung (freilich auch ihre Grenzen), wenn er die berühmte These Max Webers, die einen Zusammenhang zwischen calvinistischem Arbeitsethos und kapitalistischem Geist postuliert, mit einem halben Satz vom Tisch fegt (32).[25] So leicht wird man mit Weber nicht fertig; nicht einmal der Name des Soziologen wird an dieser Stelle erwähnt.

Die neuere Forschung hat das «holländische Wunder» gewiß nicht völlig profaniert, indes differenzierte Thesen entwickelt und die atemberaubende ökonomische, politische und nicht minder spektakuläre kulturelle Entwicklung der Niederlande in umfassendere Kontexte eingebettet.[26] So hätte Huizinga auf die Lage der Republik an der Peripherie der Hegemonialmacht Habsburg hinweisen können, an einer Schnittstelle, wo sie sich der Unterstützung konkurrierender Mächte versichern konnte; ohne diese Position in einer «Gewitterzone» der europäischen Politik hätten es die Generalstaaten (wie übrigens auch die Schweizer Eidgenossenschaft) nie und nimmer zur staatlichen Souveränität gebracht.

Was die Gründe für den ökonomischen Aufschwung betrifft, ist unbestritten, daß seine Vorgeschichte weit zurückreicht; auch Huizinga betont das: «Alles nimmt ja von den mittelalterlichen Tendenzen her so natürlich seinen Lauf» (32). Vieles weiß man heute natürlich genauer. So wies der Historiker Jan de Vries auf eine radikale und dauerhafte Transformation des Agrarsektors hin, die sich seit dem 15. Jahrhundert in den Seeprovinzen bemerkbar machte. Das Kapital dafür kam von freien Bauern und Stadtbürgern, von Leuten, die vergleichsweise ungehindert wirtschaften konnten und an Rentabilität interessiert waren. Die Produzenten verhielten sich eher wie Landwirte, nicht wie Bauern. Um die Profite zu steigern, wurden nichtagrarische Tätigkeiten aufgegeben. Die Produktion wurde auf möglichst profitable Sparten verlegt, Getreide nach Möglichkeit auf dem Wasserweg importiert. Man produzierte für den Markt: züchtete Vieh, pflanzte Gemüse, Industriepflanzen und Blumen – etwa Tulpen, die bald in ganz Europa zu einem begehrten Luxusgut wurden. Viel Kapital wanderte in Maschinen. Ausdruck dieser Investitionen sind die berühmten Windmühlen, mechanische Wunderwerke, die von den Malern der Epoche mit patriotischem Stolz in Szene gesetzt wurden und Embleme des Landes geblieben sind.[27] Sicher ist, daß die Erträge der Landwirtschaft und damit die Gewinne, die sie abwarf, in den Niederlanden weit höher lagen als in anderen Gebieten Europas. So scheint auch der Lebensstandard hier besser gewesen zu sein als irgendwo sonst.[28]

Von großer Bedeutung für das holländische Wirtschaftswunder war die Zuwanderung von Flüchtlingen nach der Rückeroberung der niederländischen Südprovinzen durch die Spanier. Mit den *Refugiés* waren deren Handelsgeschäfte und Kapital nach Norden gekommen; die Relevanz dieses Faktors für das Wirtschaftsleben der Niederlande wird von Huizinga unterschätzt. Der Aufschwung des Handels und die damit einhergehende militärische Machtentfaltung wurden im übrigen von einer effizienten Allianz von Großhandel, Hochfinanz und Politik getragen.[29] Amsterdam wurde im 17. Jahrhundert zu Europas Handelsemporium, die Republik zum «Carrier» des Kontinents. Mit den Worten des Wirtschaftshistorikers Immanuel Wallerstein avancierten die Generalstaaten zur ersten Hegemonialmacht, die *«gleichzeitig* im Bereich der Produktivität, des Handels und der Finanzen Überlegenheit über sämtliche Kernmächte» errang.[30]

Neidische Zeitgenossen staunten darüber, daß die Holländer es auf wundersame Weise verstanden, Krieg zu führen und zugleich reich zu werden. Ein anonymer englischer Pamphletist schreibt – es ist der Vorabend des zweiten Englisch-Holländischen Kriegs –: «In der ganzen Welt sind die Holländer das einzige Volk, das durch den Krieg gedeiht und wächst, der sonst der Welt Ruin ist, aber ihre Stütze – so stark ist ihre Schiffahrt, und so offen ihr Meer, und so befestigt ihre Städte und ihr Land, wegen ihrer niedrigen Lage und der Bewässerung.»[31]

Umgekehrt dürfte der auch von Huizinga konstatierte Niedergang seit dem letzten Viertel des 17. Jahrhunderts kaum in einem nebulösen allgemeinen Erschlaffen, der Adaption erasmischer Ideale und dem «Verlangen nach der behaglichen Ruhe eines frohen Landlebens» zu suchen sein. Im scharfen Licht der wirtschaftshistorischen Forschung zeigt sich, daß die fiskalischen Ressourcen gegenüber den Mitteln, welche die aufsteigenden Flächenstaaten, im besonderen England, zu mobilisieren vermochten, zu begrenzt waren; in den Niederlanden mißlang es, das Steuersystem den veränderten Umständen anzupassen. So war die Republik auf lange Sicht auch nicht in der Lage, ihre Handelsnetze zu verteidigen. Und ihre Kaufleute und Unternehmer zeigten sich außerstande, neue Produkte zu entwickeln, neue Märkte zu erschließen.[32] Was den Aufstieg der Republik begünstigt hatte, das einzigartige, freilich hochkomplizierte politische System, erwies sich in einer veränderten Umwelt als zu wenig reformfähig. Der Niedergang der Künste schließlich dürfte weniger durch ein Abweichen vom Pfad holländischer Tugenden bedingt gewesen sein als durch einen Strukturwandel des Kunstmarkts.

VII Die Wirklichkeit der Bilder

Den eigentlichen Ruhm der holländischen Kultur des 17. Jahrhunderts haben nicht die Dichter, die heute außerhalb der Niederlande niemand und daheim kaum einer mehr liest, sondern die Maler begründet. Daß der Aufschwung des niederländischen Kunstmarkts in engem Zusammenhang mit der wirtschaftlichen Entwicklung gesehen werden muß, liegt auf der Hand. Schon der Umfang der Produktion ist gewaltig: Die 650, vielleicht 750 Meister, die um die Mitte des Jahrhunderts arbeiteten, stellten jährlich zwischen 63 000 und 70 000 Bilder fertig, das entsprach etwa 1,3 bis 1,4 Millionen Bildern zwischen 1640 und 1659.[33] Ihr Wert soll mehr als der Hälfte des Wertes der nordholländischen Käseproduktion entsprochen haben. Es gab Maler – z. B. Jan Lievens oder den Rembrandt-Schüler Gerrit Dou –, für deren Werke Preise in der Höhe mehrerer durchschnittlicher Jahreseinkommen aufgebracht werden mußten, aber auch billige Massenware, die sich praktisch jeder leisten konnte – und die sich, wie Inventare verraten, tatsächlich nahezu jeder leistete. Huizinga sagt zutreffend: «Das Gemälde hing überall» (108). Holland war das Bilderland der frühen Neuzeit. Nirgendwo, nicht einmal in Italien, waren Gemälde im Alltag so verbreitet wie auf dem kleinen Fleckchen Land am Meer.

Welche Bedeutung die Anschauung für die Geschichtsschreibung Huizingas hatte, wurde schon angesprochen. Daß er zu sehen verstand (jedenfalls alte Kunst), zeigt sich an seinem Verdikt über ein Bild, das bei seinem Auftauchen Sensation machte: «Christus und die Jünger in Emmaus» galt unzweifelhaft als bis dato unbekanntes Hauptwerk des großen Jan Vermeer van Delft. Es wurde für die damals gewaltige Summe von 520 000 Gulden für das Rotterdamer Boijmans van Beuningen-Museum erworben. Huizinga moniert, der Maler habe hier «nicht eigentlich ins Schwarze getroffen»: Er nehme das biblische Geschehen allein als Anlaß, «seinen Farbsinn spielen zu lassen» (119). Dagegen hatte der Historiker mit dieser Bemerkung selbst einen Treffer gelandet. Wenig später, 1945, stellte sich heraus, daß der gefeierte «Vermeer» eine moderne Fälschung war. Schöpfer war der mit eigenen Werken hoffnungslos erfolglose Maler Han van Meegeren, der Vermeers Stil (wenigstens das, was man damals dafür hielt) nahezu perfekt nachzuahmen verstand: Die «Emmausgänger» waren 1936/37 entstanden![34]

Die Passagen, in denen sich der «Augenmensch» Huizinga mit der erzholländischen Kunst der Malerei auseinandersetzt, sind brillant, es sind bis heute die lesenswertesten der «Holländischen Kultur des siebzehnten Jahrhunderts». Seine Urteile über die Malerei behielten in vieler Hinsicht – von den antibarocken Affekten einmal abgesehen – Bestand. Um die Qualität der Analyse, die er bietet, ermessen zu können, sollte man das fünfte Kapitel seines Buches vor dem Hintergrund der polemisch geführten Auseinandersetzungen um Svetlana Alpers' Buch «Kunst als Beschreibung» von 1983 lesen.[35] Die Autorin richtete den Blick auf die *Oberflächen* der Bilder: Ziel der Maler sei Vergegenwärtigung gewesen, die Schilderung der sichtbaren Welt, nicht die Nachahmung bedeutungsvoller Handlungen. Dabei – als Beispiel wird die atemberaubend perfekte Stillebenmalerei Willem Kalfs angeführt – sei es um die Demonstration von präziser Darstellungskunst, von vollendeter Handwerkstechnik gegangen. Damit wandte sich Alpers gegen die Rätselspiele Erwin Panofskys und seiner Schule, die «hinter» den Genrebildern und Stilleben alle möglichen symbolischen Inhalte, insbesondere moralische Botschaften, suchten und fanden. Sie entdeckten ihr humanistisches Substrat, banden sie entschiedener an die italienische Überlieferung zurück. Alpers plaziert demgegenüber die Bilder in den Kontext der «visuellen Kultur» der niederländischen Gesellschaft, in einen sozialen Raum, in dem das Sehen «ein zentrales Element der Selbstdarstellung und die visuelle Erfahrung eine zentrale Form von Selbstbewußtsein» gewesen sei.[36] Bei ihr ist die Malerei der Holländer ein Produkt des reinen Auges – und damit Ausdruck eines Volksgeistes, der von der klassischen Tradition, vom Humanismus und aller sonstigen Philosophie nicht angekränkelt sei.

Vielleicht wird Huizinga von Alpers deshalb nirgendwo zitiert, weil er einige Aspekte dieser Thesen vorwegnahm. Sie sind mithin nicht ganz so originell, wie manche ihrer Bewunderer und Kritiker glaubten. Huizinga argumentiert allerdings auf den wenigen Seiten, die er dem Gegenstand widmet, viel differenzierter. Er läßt der Ikonologie ein gewisses Recht; der symbolische Gehalt zahlreicher Bilder läßt sich ja auch schwerlich übersehen. Doch war das Huizinga nicht als der wesentliche Punkt erschienen. Er sieht die Maler in erster Linie als eher ungelehrte, dabei unbefangene Handwerker, die ihr Geschäft außergewöhnlich gut beherrschten und malten, wie sie eben konnten. «Wollten sie dann vielleicht den ‹Sinn› des ‹Lebens› geben?» schließt er seine Betrachung über den holländischen Realismus. «Ja, wenn man es so ausdrücken will, aber eigentlich malten sie nicht deswegen. Sie umkleideten dieses Leben mit wenig Phantasie, aber mit viel Mysterium, so wie es eben ist. Realisten im philosophischen Sinn, ja, das waren sie, aber ohne daß sie es wußten [...] Leute, die fest überzeugt sind von der völligen Wirklichkeit des Bestehenden und jeden Dinges im Besonderen.» (116 f.)

VIII Ein Manifest des Widerstands

Als diese Seiten gedruckt wurden, 1941, hatte sich der Nebel vor der Zukunft, von dem Huizinga ein halbes Jahrzehnt vorher gesprochen hatte, weiter gelichtet. Der Abgrund lag nun für alle vor Augen, drohend und finster. Am 10. Mai 1940 hatten deutsche Truppen die neutralen Niederlande überfallen, binnen weniger Tage war das Land unter der Kontrolle zuerst des Militärs, dann einer Zivilverwaltung unter Reichskommissar Seyß-Inquart. Noch 1940 setzte die Verfolgung und Unterdrückung der niederländischen Juden ein, im Jahr darauf begannen die Deportationen. Die demokratischen Parteien wurden verboten. Allein die weithin verhaßte Niederländische Nationalsozialistische Partei blieb bestehen und erfreute sich intensiver Fürsorge durch die Besatzer.

Johan Huizinga war schon seit der van-Leers-Affäre für die Machthaber in Deutschland *persona non grata* gewesen. Jetzt fand sich sein Name auf einer Liste potentieller Geiseln.[37] Er entschied sich jedoch gegen das Exil. Im Mai 1941 wirkte er an einer

Erklärung der Universität Leiden gegen die antisemitischen Maß-
nahmen der Besatzer mit; der Text wurde dann freilich von der
Leitung der Universität abgeschwächt. Die Selbstzensur half
nicht. 1942 wurde die berühmteste Hochschule der Niederlande
geschlossen.

So stellt sich der zeitgeschichtliche Hintergrund dar, als
«Nederland's beschaving in te zeventiende eeuw. Een schets»
zum Druck gelangte. War die erste, deutschsprachige Ausgabe
dazu bestimmt gewesen, deutsche Leser mit der kulturellen Tradition der Niederlande vertraut zu machen, sie der seit langem ge-
wachsenen Identität und der politischen Eigenständigkeit des
Nachbarlandes zu versichern, wandte sich das auf Niederländisch
geschriebene Buch nun an die eigenen Landsleute. Damit gewann
der Text einen veränderten Ton, obwohl der Autor nur wenige
Passagen umschrieb. Hugo Grotius, der Begründer des modernen
Völkerrechts, ist jetzt nicht mehr einfach nur «Erasmianer»,
sondern «durch und durch Niederländer, in all seinen Fasern».
Anders als in der Erstausgabe wird Grotius nun wegen seiner
Leidenschaft für die Gerechtigkeit und seiner Liebe zur Freiheit
gerühmt (103), einer Freiheit, die Raum geboten habe «für die individuelle Entfaltung aller Kräfte unter einem gemäßigten, geordneten, wohlmeinend aristokratischen Regime» (103) – Worte,
die Huizingas Landsleuten im geschundenen, von einer fremden
Diktatur besetzten Land in den Ohren klingen mußten.

Auch den Schluß seines Buches hat der Autor redigiert. Ein
ganzer Abschnitt wurde zusammengestrichen, es blieb ein mono-
lithischer Satz. Von Zweifeln, die Erinnerung an ein glücklicheres
Zeitalter könnte verloren sein, ist nicht mehr die Rede. In aller
Klarheit werden die Tugenden der alten Republik benannt, deren
es jetzt, 1941, mehr denn je bedurfte. «Wir Niederländer wissen,
daß vom Besten, was unsern Staat und unser Volk im siebzehnten

Jahrhundert groß gemacht hat, von der Kraft und dem Willen zu Taten, dem Bewußtsein von Recht und Billigkeit, von der Barmherzigkeit, der Frömmigkeit und dem Gottvertrauen, auch damals und für die kommenden Zeiten noch nichts verloren gegangen war.» (149) So hatten die Zeitläufte aus einem Stück Kulturgeschichte ein Manifest des geistigen Widerstands gemacht.

Huizinga bekam die Folgen seiner aufrechten Haltung bald zu spüren. Die Besatzer internierten den Siebzigjährigen im August 1942 im Geisellager St. Michielsgestel; im Oktober wurde er unter der Auflage, nicht nach Leiden zurückzukehren, entlassen. Man wollte nicht riskieren, daß der international renommierte Gelehrte, der inzwischen ernsthaft erkrankt war, womöglich in deutscher Haft starb. So ließ sich Huizinga in de Steeg bei Arnheim nieder. Seine Schriften wurden verboten. Hier ist er, von Arnheim her dröhnte Geschützdonner von den Rückzugsgefechten der Wehrmacht, am 1. Februar 1945 gestorben.[38] Seine letzte Schrift, «Geschändete Welt. Eine Betrachtung über die Chancen zur Gesundung unserer Kultur», erschien postum, aber noch im Todesjahr.

Ein Satz darin führt auf den tiefsten Grund von Huizingas Geschichtsschreibung: «Was wir im silbernen Licht der Erinnerung heute als schön und kostbar ansehen, ist in Wirklichkeit niemals so edel und rein gewesen, wie es uns jetzt scheint; in unserem Heimweh nach einer schöneren Vergangenheit steckt immer etwas von der bezaubernden Lüge der alten bukolischen Poesie.»[39] Auch das Buch über die niederländische Kultur des 17. Jahrhunderts ist ein Dokument des Heimwehs, aus dem das – manchmal verzweifelte – Bemühen spricht, in der harten Wahrheit der eigenen Zeit einer schönen Lüge zu glauben.

ANMERKUNGEN

* Der Verf. dankt Herman Roodenburg (Leuven/Amsterdam), Daniel Legutke (Berlin) und Frieder Mißfelder (Zürich) für Kritik und wertvolle Hinweise.

1 Über Huizingas Vita grundlegend A. van der Lem, Johan Huizinga: Leben en werk in beelden & documenten, Leiden 1998; zuletzt Chr. Strupp, Johan Huizinga. Geschichtswissenschaft als Kulturgeschichte, Göttingen 2000, S. 34–42, mit weiterer Lit.

2 J. Huizinga, Mein Weg zur Geschichte, Basel 1947, S. 11–15.

3 Vgl. W. Kaegi, Nachwort des Übersetzers (im vorliegenden Band), S. 152. Ein Bericht über den Tübinger Vortrag findet sich in: Tübinger Chronik 163, 16. 7. 1930.

4 J. Huizinga, Holländische Kultur des siebzehnten Jahrhunderts. Ihre sozialen Grundlagen und nationale Eigenart, Jena 1933.

5 Strupp, Huizinga, S. 52–58, 256 f. und H. Lademacher, Zur Pathologie von Kulturverlust. Johan Huizinga als Kritiker seiner Zeit, in: Jahrbuch des Zentrums für Niederlande-Studien 1 (1991), S. 119–132.

6 W. Otterspeer, Huizinga before the Abyss: The van Leers Incident at the University of Leiden, April 1933, in: The Journal of Medieval and Early Modern Studies 27 (1997), S. 385–444, hier S. 397.

7 J. Huizinga, Im Schatten von morgen. Eine Diagnose des kulturellen Leidens unserer Zeit, hier zitiert nach der 4. Aufl. Bern/Leipzig 1936, S. 9.

8 Ebd., Kap. XIII, XIV; Zitat S. 124.

9 Ebd., S. 19.

10 Zitiert nach Strupp, Huizinga, S. 55.

11 Ebd., S. 19.

12 Ebd., S. 268.

13 Vgl. A. van der Lem, Het Eeuwige verbeeld in een afgehaald bed. Huizinga en de Nederlandse beschaving, Amsterdam 1997.

14 W. Andreas, Johan Huizinga, 7. Dezember 1872–1. Februar 1945. Ein Nachruf, in: Historische Zeitschrift 169 (1949), S. 88–104, hier S. 95.

15 Vgl., mit einer differenzierten Bewertung der Vorgänge, W. Frijhoff/M. Spies, 1650: Hard-Won Unity (Dutch Culture in a European Perspective, 1), Basingstoke/Assen 2004, S. 75–77.

16 Vgl. Strupp, Huizinga, S. 173.

17 Ebd., S. 45–50. Über Huizingas Stellung in der Historiographiegeschichte zuletzt D. R. Kelley, Fortunes of History. Historical Inquiry from Herder to Huizinga, New Haven/London 2003, S. 322–327.

18 Moderne Darstellungen: Frijhoff/Spies, 1650; über Huizingas Werk S. 64 f.; J. I. Israel, The Dutch Republic. Its Rise, Greatness, and Fall 1477–1806, Oxford 1995; M. Prak, The Dutch Republic in the Seventeenth Century,

Cambridge 2005; Simon Schamas glänzend geschriebenes Buch «The Embarrassment of Riches: An Interpretation of Dutch Culture in the Golden Age» (New York 1987) wurde eher zurückhaltend beurteilt. Einen Überblick über die neuere wirtschaftsgeschichtliche Forschung gibt M. t'Hart, Gewetenlote kapitalisten, handige fiscalisten, strategische huisvaders of gedisciplineerde calvinisten? De Nederlandse Republiek als casestudy, in: Bijdragen en mededelingen betreffende de geschiedenis der Nederlanden 21 (2006), S. 418–438.

19 Vgl. Frijhoff/Spies, 1650, Cambridge 2004, S. 64; auch W. Bergsma, Church, State and People, in: K. Davids/J. Lucassen (Hg.), A Miracle Mirrored: The Dutch Republic in European Perspective, S. 196–228. Zur religiösen Kultur der Niederlande auch W. Frijhoff, Embodied Belief. Ten Essays on Religious Culture in Dutch History, Hilversum 2002.

20 Einen Überblick gibt: P. C. Emmer, The Dutch and the Atlantic Economy, 1580–1880: Trade, Slavery and Emancipation, Aldershot, Hampshire 1998.

21 Zuletzt D. Bull, V. Manuth, E. van de Wetering und M. van Eikema Hommes, Rembrandt – Caravaggio, Amsterdam/Zwolle 2006; auch M. E. Houtzager u. a., Nederlandse 17ᵉeeuwse italianisierende landschapschilders, Utrecht 1965.

22 Spies/Frijhoff, 1650, S. 233 f.; H. Roodenburg, The Eloquence of the Body. Perspectives on Gesture in the Dutch Republic, Zwolle 2004.

23 J. I. Israel, Radical Enlightenment: Philosophy and the Making of Modernity, 1650–1750, Oxford 2001. Weiterhin Frijhoff/Spies, 1650, S. 220–225.

24 B. Hedinger, Karten in Bildern. Zur Ikonographie der Wandkarte in holländischen Interieurgemälden des 17. Jahrhunderts, Hildesheim 1986.

25 Vgl. auch J. de Vries/A. van der Woude, The First Modern Economy. Success, Failure, and Perseverance of the Dutch Economy, 1500–1815, Cambridge 1997 (zuerst 1995), S. 165 f.

26 Vgl. Davids/Lucassen, Miracle Mirrored (zum Folgenden S. 1–25, mit Nachweisen); H. Schilling, Die neue Zeit. Vom Christenheitseuropa zum Europa der Staaten. 1250 bis 1750, Berlin 1999, S. 293–296.

27 J. Becker, ‚Een heuchelyk vermaak ... maar ook een helder baak'. Zu verschiedenen Möglichkeiten, holländische Landschaften zu betrachten, in: M. Sitt/P. Biesboer (Hg.), Jacob van Ruisdael, Zwolle 2002, S. 145–152, hier S. 146.

28 L. Noordegraf/J. Luiten van Zanden, Early Modern Economic Growth and the Standard of Living: Did Labour Benefit from Holland's Golden Age?, in: Davids/Lucassen, Miracle Mirrored, S. 410–437.

29 C. Tilly, Coercion, Capital and European States, AD 990–1990, Cambridge/MA 1990, S. 30; J. Glete, War and the State in Early Modern Europe. Spain, the Dutch Republic and Sweden as Fiscal-Military States, 1500–1660, London 2000.

30 I. Wallerstein, The Modern World-System. Mercantilism and the Consolidation of the European World-Economy, Bd. II, New York 1980, S. 38 f.

31 Nach Schilling, Neue Zeit, S. 188.

32 Davids/Lucassen, Miracle Mirrored, S. 450–453.

33 M. Montias, Estimates in the Number of Dutch Master-Painters, Their Earnings and Their Output in 1650, in: Leidschrift 6 (1990), S. 59–74; A. M. van der Woude, The Volume and Value of Paintings in Holland at the Time of the Dutch Republic, in: D. Freedberg/J. de Vries (Hg.), Art in History/History in Art. Studies in Seventeenth-Century Dutch Culture, Santa Monica 1992, S. 185–331, hier S. 301 f.; J. I. Israel, Adjusting to Hard Times: Dutch Art During its Period of Crisis and Restructuring (c. 1621–c. 1645), in: Art History 20 (1997), S. 449–476.

34 M.-L. Doudart de la Grée, Ich war Vermeer. Die Fälschungen des Han van Meegeren, Gütersloh 1968 (zuerst Antwerpen 1966).

35 The Art of Describing. Dutch Art in the Seventeenth Century, Chicago 1983, deutschsprachige Ausgabe: Kunst als Beschreibung. Holländische Malerei des 17. Jahrhunderts. Mit einem Vorwort von W. Kemp, 2. Aufl., Köln 1998. Vgl. dazu etwa A. Grafton/T. de Costa Kaufmann, Holland without Huizinga: Dutch Visual Culture in the Seventeenth Century, in: Journal of Interdisciplinary History 16 (1985), S. 255–265.

36 Alpers, Kunst als Beschreibung, S. 35.

37 Strupp, Huizinga, S. 40 f., mit Nachweisen.

38 Vgl. den großartigen Essay von D. Schümer, Der Tod des Johan Huizinga, in: Frankfurter Allgemeine Zeitung, 1. 2. 1995, S. 25.

39 Zit. nach Strupp, Huizinga, S. 277.

KULTURGESCHICHTE IN DER BECK'SCHEN REIHE

Karl-Heinrich Bieritz
Das Kirchenjahr
Feste, Gedenk- und Feiertage in Geschichte und Gegenwart
7., aktualisierte Auflage. 2005. 304 Seiten. Paperback
Beck'sche Reihe Band 447

Peter Burke
Die europäische Renaissance
Zentren und Peripherien
Aus dem Englischen von Klaus Kochmann
2005. 342 Seiten mit 25 Abbildungen. Paperback
Beck'sche Reihe Band 1626

Michael Hauskeller
Was ist Kunst?
Positionen der Ästhetik von Platon bis Danto
8. Auflage. 2005. 109 Seiten. Paperback
Beck'sche Reihe Band 1254

Heinrich Krauss
Das Paradies
Eine kleine Kulturgeschichte
2004. 176 Seiten. Paperback
Beck'sche Reihe Band 1570

Harald Weinrich
Lethe
Kunst und Kritik des Vergessens
2005. 316 Seiten. Paperback
Beck'sche Reihe Band 1633

VERLAG C. H. BECK MÜNCHEN

GESCHICHTE IN DER BECK'SCHEN REIHE

Eckart Conze
Kleines Lexikon des Adels
Titel, Throne, Traditionen
2005. 260 Seiten. Paperback
Beck'sche Reihe Band 1568

Horst Fuhrmann
Die Päpste
Von Petrus zu Benedikt XVI.
3., aktualisierte und erweiterte Auflage. 2005. 330 Seiten mit
206 Abbildungen. Paperback
Beck'sche Reihe Band 1590

Peter C. Hartmann
Die Französischen Könige und Kaiser der Neuzeit
1498–1870
2006. 496 Seiten mit 16 Abbildungen. Paperback
Beck'sche Reihe Band 1724

Alfred Kohler
Karl V. 1500–1558
Eine Biographie
2005. 424 Seiten mit 22 Abbildungen, einer Karte und
einer genealogischen Tafel. Paperback
Beck'sche Reihe Band 1649

Frank-Lothar Kroll
Preußens Herrscher
Von den ersten Hohenzollern bis Wilhelm II.
2006. 364 Seiten mit 20 Abbildungen. Paperback
Beck'sche Reihe Band 1683

VERLAG C. H. BECK MÜNCHEN